# 访家庭议家教论家风

## 记十三届全国政协第四次网络议政远程协商会

全国政协社会和法制委员会本书编写组 编

湖南教育出版社

· 长沙 ·

**图书在版编目（CIP）数据**

访家庭议家教论家风：记十三届全国政协第四次网络议政远程协商会／全国政协社会和法制委员会本书编写组编. —长沙：湖南教育出版社，2021.9
ISBN 978－7－5539－7391－3

Ⅰ. ①访… Ⅱ. ①全… Ⅲ. ①家庭教育—研究—中国 Ⅳ. ①G78

中国版本图书馆 CIP 数据核字（2020）第 259404 号

FANG JIATING YI JIAJIAO LUN JIAFENG：JI SHISAN JIE QUANGUO
ZHENGXIE DI-SI CI WANGLUO YIZHENG YUANCHENG XIESHANG HUI

| | | |
|---|---|---|
| 书 名 | 访家庭议家教论家风：记十三届全国政协第四次网络议政远程协商会 | |
| 责任编辑 | 武龙梅 | |
| 责任校对 | 王怀玉 | |
| 装帧设计 | 阙 铭 | |
| 出版发行 | 湖南教育出版社（长沙市韶山北路 443 号） | |
| 网 址 | www.bakclass.com | |
| 微 信 号 | 贝壳导学 | |
| 客服电话 | 0731－85486979 | |
| 经 销 | 湖南省新华书店 | |
| 印 刷 | 长沙超峰印刷有限公司 | |
| 开 本 | 710 mm×1010 mm 16 开 | |
| 印 张 | 11.5 | |
| 字 数 | 104 000 | |
| 版 次 | 2021 年 9 月第 1 版 | |
| 印 次 | 2021 年 9 月第 1 次印刷 | |
| 书 号 | ISBN 978－7－5539－7391－3 | |
| 定 价 | 49.00 元 | |

本书若有印刷、装订错误，可向承印厂调换

# 序　言

　　家庭是社会的细胞，也是社会发展的基石，家庭文明建设和家庭教育与国家前途和民族命运紧密相连。加强家庭文明建设，做好家庭教育，营造良好家风，既有利于实现千万家庭的幸福美满，也有利于促进国家的繁荣发展。习近平总书记十分重视家庭家教家风建设，强调指出："广大家庭都要把爱家和爱国统一起来，把实现家庭梦融入民族梦之中，心往一处想，劲往一处使，用我们 4 亿多家庭、13 亿多人民的智慧和热情汇聚起实现'两个一百年'奋斗目标、实现中华民族伟大复兴中国梦的磅礴力量。"

　　全国政协长期以来非常关注教育事业和家庭文明建设，将其作为政治协商、民主监督、参政议政的重要选题。2019 年 6 月 28 日，全国政协围绕"注重家庭家教家风建设"召开网络议政远程协商会，汪洋主席主持会议并做了重要讲话。与会政协委员和家庭代表同中央纪委国家监委机关、中央文明办、教育部、共青团中央、全国妇联等 8 个单位的负责同志进行了深入的互动交流，260 多位委员通过移动履职平台发表了意见。委员们围绕加强顶层设计，把家庭教育纳入现代教育制度体系，把社会主义核心价值观融入家风建设中，切实加强对城乡困境家庭和农村留守儿童的关爱等方面，提出了许多有见地、有价值的意见和建议，委员们的意见建议对推进相关工作具有重要参考价值。这次网络议政远程协商会是由全国政协社会和法制委员会具体组织实施的。会前，我们组织调研组，分赴山东、陕西、上海进行了专题调研，通过走访、座谈，深入听取各方面的意见和建议，了解实际情况和存在问题，为开好网络议政远程协商会打下了良好基础。

当前，我国正在为实现中华民族伟大复兴的中国梦而努力奋斗，同时也迎来了世界百年未有之大变局，我们面对的国际局势更为复杂，遇到的挑战和阻碍更加严峻，家庭建设和家庭教育任务也更加繁重。我们的青少年正面临社会转型期多元价值观念的冲突，正确而有效的爱国主义教育一定是深入家庭、深入生活、深入心灵的教育。我们要在家庭教育中有机融入爱国主义教育的内容，从小培养少年儿童的家国情怀，让他们把爱家与爱国统一起来，把自己的人生理想同祖国的前途命运紧密联系起来，使家国情怀成为少年儿童成长的绵延不绝的能量源泉和动力引擎。

家庭文明建设是一项复杂的系统工程，需要全社会共同参与，共商共建，久久为功。随着城镇化快速推进和市场经济深入发展，我国传统家庭结构深刻调整，婚姻家庭观念深刻变革，家庭功能弱化、家教工作缺位、家风文化断层等问题日益凸显。近年来，在党中央的统一领导下，中央和地方各有关方面做了大量工作，取得了积极成效，但也还存在一些薄弱环节，我国家庭家教家风建设依然任重道远。我们要站在历史和时代的高度，深入学习贯彻习近平总书记关于家庭家教家风建设的重要论述，进一步强化家庭的主体责任，同时发挥好党和政府的引导作用，加强统筹协调，营造注重家庭、注重家教、注重家风的良好外部环境，汇聚起家庭文明建设的强大合力，使千千万万个家庭成为国家发展、民族进步、社会和谐的重要基点。

沈德咏

2019 年 10 月于北京

# 目　录

# 总编　跨越时空　协商永远在线

　　习近平总书记在中央政协工作会议暨庆祝中国人民政治协商会议成立 70 周年大会上强调，在中国社会主义制度下，有事好商量、众人的事情由众人商量，找到全社会意愿和要求的最大公约数，是人民民主的真谛。协商民主是党领导人民有效治理国家、保证人民当家做主的重要制度设计，包含了政党协商、人大协商、政府协商、政协协商、人民团体协商、基层协商及社会组织协商等多种形式，同选举民主相互补充、相得益彰。人民政协作为统一战线的组织、多党合作和政治协商的机构、人民民主的重要实现形式，自 1949 年成立以来，持续开展协商民主实践，积累了丰富的协商民主经验，充分发挥了社会主义协商民主的重要渠道和专门协商机构作用，发

1

展成为国家治理体系的重要组成部分，是"行得通、很管用"的中国式民主形式，是具有中国特色的制度安排。与其他协商民主形式相比，政协协商具有中国共产党领导的多党合作的政治优势、专门协商机构的组织优势和智力密集的人才优势；已经有了比较成熟的协商议事规则，较为完备的制度体系；逐步形成了平等、坦诚、合作、宽容、担当的政协协商民主制度内涵。

党的十八大以来，政协协商在继承中发展，在发展中创新，形成了每年 1 次全体会议、2 次专题议政性常委会、2 次专题协商会、20 次左右的双周协商座谈会的"1420"协商议政新格局。十二届全国政协在新中国成立初期"双周座谈会"基础上创新发展，推出了"双周协商座谈会"的协商形式，以全国政协主席主持、相关部委领导同志直接与委员互动交流、"小切口、大文章""小环节、大关键"的高规格高立意高站位，两周举办一次的高频次，实现了政协协商的经常性、连续性、规范性发展。十三届全国政协认真贯彻习近平总书记关于加强和改进人民政协工作的重要思想，落实人民政协要丰富协商形式，探索网络议政、远程协商等新形式的重要指示要求，在双周协商座谈会的基础上，坚持把互联网优势同政协协商特色结合起来，把习近平总书记关于懂网用网作为一项基本功的要求落到实处，进一步创新发展创立了网络议政远程协商会议形式并不断丰富完善，更加丰富了人民政协常态化、多层次、有序参与的协商议政格局和政协协商民主实践。

网络议政远程协商会每季度举行一次，由委员通过移动履职平台分"网络议政"和现场会议主分会场"远程协商"两个阶段展开。在"网络议政"阶段，由承办会议的政协专门委员会于会议召开前一个月左右负责在"全国政协委员移动履职平台"开通"主题议政群"，所有全国政协委员都可以通过电脑或手机客户端在线发表意见建议，开展交流讨论；"远程协商"是由该专门委员会在组织委员调研、与参会单位进行会前协商的基础上，召开由全国政协主席主持、部分全国政协委员和有关党政部门参加的远程协商会，设置全国政协机关主会场、地方政协分会场，采取会场发言和场外视频连线相结合的方式，进行协商议政。这个新型协商议政平台，充分利用现代信息技术，把协商从会场延伸到网上，突破时空限制，实现了从"点对点"到"键对键"的协商形式转变，拓展委员参与面，增强履职便利度，被誉为"思想永远在线、智慧时刻连线、联系永不断线"的协商议政平台。

截至 2020 年 7 月，全国政协已经召开了 8 场网络议政远程协商会，分别就"优化营商环境，促进民营经济高质量发展""加强大数据时代个人信息保护""加强全民健身场地设施建设""关爱农村留守老人儿童"等主题进行了在线协商。由全国政协社会和法制委员会承办的"注重家庭家教家风建设"网络议政远程协商会是其中的第四场。这次会议的主题广受各方关注，委员参与踊跃，线下调研扎实、线上议政深入、会场氛围热烈、成果转化充分，很好地体现了全国政协网络议政远程协商会的特点，也从侧面体现了人民政协作为专门协商机构的"中国式商量"特色，展示了人民政协作为国家治理体系和治理能力现代化重要组成部分的"中国式民主"实现形式。

在此，我们采取"回放"方式，请读者与政协委员们一起走进"注重家庭家教家风建设"网络议政远程协商会，感受会场氛围，体验调研过程，回顾线上讨论，分享议政成果。

## 一、 远程协商会精彩纷呈

2019 年 6 月 28 日，全国政协"注重家庭家教家风建设"网络议政远程协商会在北京如期召开。在全国政协主会场，汪洋主席主持会议，相关副主席、2 位全国政协委员与来自中央纪委国家监委机关、中央文明办、教育部、民政部、司法部、农业农村部、共青团中央、全国妇联等 8 个部门的负责同志进行"面对面"协商；天津、上海、山东、陕西 4 个分会场，场外连线点的 12 位全国和地方政协委员，以及 1 位基层群众代表，通过网络视频与主会场 8 个部门负责同志进行"屏对屏"协商。汪洋主席强调，家庭家教家风建设既是家事，也是国事，关系个人健康成长、社会和谐稳定和国家繁荣发展。会前陈晓光、李斌两位副主席分别率领全国政协调研组赴山东、陕西、上海进行调研，深入了解情况，收集各方面意见，带回了很多有价值的资料，也与有关部门进行了充分的会前协商。会议分三个阶段进行。首先由全国政协社会和法制委员会主任沈德咏在总结分析前期调研和一个多月以来委员网络议政情况的基础上，对委员们关注的问题和意见建议进行了梳理和阐述。之后进入互动交流环节，委员、代表在主会场、分会场或通过视频连线发言，部门负责同志在主会场随时回应和解答。中间穿插委员在线提问，由汪洋主席从现场大屏幕上滚动呈现的委员网络议政关注的重点问题中随机抽取问题，请相关部门负责同志予以回应。最后，汪洋主席对会议进行总结。整场会议气氛热烈，委员发言踊跃、问题聚焦、思考深入，部门同志回应积极、务实坦诚、针对性强。双方通过讨论交流深化了对共识性问题的理解和认识，一些不同的意见和看法也在平和包容的气氛中得以充分表达，在换位思考和真诚沟通中抛却片面和对立，加深了对国家政策和部门工作的理解与支持。汪洋主席在总结讲话中对这次会议给予了充分肯定，他认为，这次会议既建言资政，又凝聚共识，彰显了网络议政远程协商参与面广、即时性强、互动性好的特点优势，达到了沟通思想、深化认识、研讨问题、推动工作的预期目的。

会上，委员、代表一致反映，党的十八大以来，习近平总书记多次强调要注重家庭、注重家教、注重家风，以历史的宏观视野和战略眼光，明确指出家庭的前途命运同国家和民族的前途命运紧密相连；家庭是社会的细胞，是人生的第一个课堂；家庭教育涉及很多方面，但最重要的是品德教育，是如何做人的教育；国风之本在家风。与会的委员、代表一致认为，习近平总书记的重要论述为加强家庭家教家风建设指明了方向，提供了根本遵循；注重家庭家教家风建设对实现中华民族伟大复兴的"中国梦"至关重要，必须综合施策，切实抓紧抓好，并表示在参加调研和日常工作中，既能亲身感受到近年来各方面在推进家庭家教家风建设中所取得的成效，也看到了目前较为普遍存在的一些问题。针对这些突出问题，委员、代表与部门负责同志进行了深入探讨。

**（一）理顺家庭家教家风建设工作体制和协调机制**

委员们提出，当前社会各方面对家庭家教家风建设的重视不够、内涵认识不清，很多人片面地认为这就是孩子教育的问题，没有从国家战略高度，认识到家庭家教家风建设是固本强基的事业，是国家治理的重要内容。由于缺少统一规划，工作内容碎片化问题比较普遍，相关部门各管一摊、各唱各调，责任不明确，统筹协调不够，难以形成工作合力，工作推进难度大。又因为对家庭文明、家庭教育、家风传承等问题缺乏理论研究和实践探索，一些地方对先行探索的经验缺乏提炼总结和宣传推广，注重家庭文明、家庭教育、家风培育的新理念新风尚没有在全社会得到普及。

对此，委员们也根据调研和协商情况，提出了各自的思考和建议。沈德咏委员建议，在中央层面建立统揽全局的家庭建设指导委员会，全面加强党对家庭建设的领导；建立健全由党委牵头、政府主导，文明办、妇联、教育部门共同参与的家庭家教家风建设领导协调机制。徐敬业委员提出，需要制定出台关于加强家庭家教家风建设的指导意见，明确家庭家教家风建设的内容地位和任务目标；完善治理结构，成立议事协调机构，由文明办牵头抓总，纪检、组织、教育、政法、妇联、共青团等作为参加单位，齐抓共管；同时，他还指出，落实党委政府责任，并不意味着越俎代庖，还是要尊重家庭的主体地位，注重吸收社会力量参与，特别注重基层党组织及居委会、村委会等基层群众自治组织的作用，构建"政府主导、文明办引领、部门联动、家庭尽责、社会参与"的工作格局。崔郁委员指出，在调研中看到，妇联组织在基层已经先行先试，做了大量工作，形成了一定的社会影响，但是力度还很有限，家庭家教家风建设是一项系统工程，需要政府、社会和家庭共同努力。她建议中央文明办将家庭家教家风建设纳入新时代精神文明建设的重要内容，加强工作统筹，促进全社会形成共识，推动各职能部门责任落实。

中央宣传部常务副部长、中央文明办主任王晓晖对这些意见和建议给予了积极回应。他较为详细地介绍了近几年中央文明办在家庭文明建设方面所做的工作，坦言工作中确实存在委员们提到的力量分散、内容碎片化、社会各方面参与不够等问题，也非常赞成徐敬业等委员关于加强顶层设计、完善治理体制、健全工作机制的建议，表示会认真研究委员们的意见，进一步健全家庭文明建设的工作体系、协调机制和相关政策措施，组织动员各方面力量，共同推进家庭文明建设，努力把工作抓实抓到位。对要不要制定出台新的文件这个问题，他认为，2016 年出台的《关于深化家庭文明建设的意见》和全国妇联等 9 部委联合印发的《关于指导推进家庭教育的五年规划（2016—2020 年）》这两个文件，总体感觉是好的，对现在也是适用的，主要问题是有些要求没有得到很好的贯彻落实。现在中央要求减少文件制定，所以还是要把工作重点放在抓落实上，切切实实把文件的要求、中央的要求落到实处。

全国妇联、教育部负责同志也做了相应的回应，表示要发挥优势，切实履行职责，并加强与有关部门的配合，形成促进家庭家教家风建设的更大的工作合力。

## （二）建立家校共育、家社共建的家庭教育新理念新体制

家庭教育问题受到全社会广泛关注，委员们也将此作为前期调研的重点。调研中发现，随着核心家庭的普遍出现，家庭教育功能弱化甚至缺位的现象比较严重，对家庭教育该由谁来抓、抓什么、怎么抓，委员们有很多不同的认识和看法，在会议现场也有很多话要说。朱永新委员在北京市海淀区永定路学区"家校社合作共育"会场通过手机视频连线方式发言。他认为，家庭教育作为教育事业的组成部分，需要家庭、学校、政府、社会四种力量共同推进，目前没有形成合力，主要是"发动机"没有选对，妇联作为"牵头"部门，小马拉不动大车，并且由于家庭教育没有被纳入现代教育体系，家庭教育、学校教育、社会教育"三张皮"的问题不同程度地存在。他提出，解决问题的关键是要理顺家庭教育管理体制，明确家庭、学校、政府、社会在家庭教育中的责任，特别是要明确教育行政部门的责任和牵头作用，将家庭教育纳入教育整体发展战略和年度工作计划之中，其财政预算专项列支以保障经费到位。上海分会场的袁雯委员提出，要以加快学校教育体制改革来推动家庭教育理念向更加注重全面发展、面向人人、终身学习、因材施教、知行

9

合一转变。同时要加强学校教育特别是高等教育对家庭教育的服务支持力度，加强高校家庭教育专业建设和人才培养，提升家庭教育专业化水平，并通过在高校开设婚姻家庭通识课程，教育部门牵头建设覆盖全国的网上家长学校等方式，加强对家长、准家长的现代家庭教育理念知识灌输，提供问题导向型、案例式的家庭教育咨询服务。对家校共育问题，陕西分会场的颜明委员深入分析了调研中了解到的西安市曲江二小建设家长学校来培训家长的成功案例，同时在深刻思考的基础上对学校培训家长的可行性提出了疑问，认为曲江二小是个案，很难持续也无法普及，学校一无经费二无专职教师，学校和老师在繁重的教学本职工作外开展家长培训力不从心，全靠校长一腔热血在维持。加强对家长的培训非常重要也非常必要，主要还得依托社区，有必要参照国外经验，成立社区家长学校，由财政拨款来保障运行，民政部门负责监督管理。崔郁委员也提出，要解决家庭教育深化落地的问题，切入点应该放在社区，以社区为阵地，为家庭教育发展提供就近就便的有效服务。天津分会场的李颖委员提出，要加快家庭教育立法，明确家庭教育的法律地位，完善亲职教育制度，对失职监护人给予相应惩戒，同时对罪错未成年人加强教育矫正，帮助其回归社会。

针对家庭教育方面的意见建议，全国妇联党组书记、副主席、书记处第一书记黄晓薇，教育部党组成员、副部长、总督学郑富芝对涉及各自工作领域的问题进行了回应。黄晓薇直面委员们提出的"小马拉大车"的疑惑，坦言基层妇联组织牵头确实有困难，这个头很难牵起来，但是妇联工作积极性高、基层力量充沛，作为群团，组织联系广泛、资源丰富，这都是妇联的优势，因此妇联有信心也有能力做好有关工作。郑富芝介绍了教育部推进家庭教育体制机制建设、家庭教育专业化发展、家校共育工作方面的进展情况，表示将推动各地建立健全家庭教育工作的协调领导机制，也正在研究财政拨款列支家庭教育经费问题，建立家庭教育指导和实践活动量化指标，推动建立街道、社区家庭教育指导机构，将街道、社区家庭教育指导纳入社区教育体系。他认为委员们提出的对提高家庭教育专业化水平的建议都非常好，教育部在家庭教育学科设置、人才培养、课程建设、知识普及等方面做了很多工作，但家庭教育专业化培养刚刚起步，教育水平不是很高，理论研究比较薄弱，关于家庭教育到底怎么做、家校共育到底怎么搞才更加科学、规范、有效，缺少系统的理论研究支撑。对学校培训家长难以持续、家长学校只建不用等问题他也没有回避，表示会根据委员们的建议，推动将家庭教育纳入教育行政干部和中小学校长培训、纳入师资培训和教师考核、计入学校教育工作量，重点解决家长学校建设的积极性和动力机制问题。司法部党组成员、副部长刘振宇对李颖委员的发言进行了回应，表示对未成年人社区矫治将更加强调教育保护，并注重发挥家庭帮教的特殊作用，社区矫正机构也将积极行动，督促社区内矫正对象的监护人积极履行监护职责，承担抚养管教义务。面对面的交流拉近了委员和工作部门的距离，大家认真聆听、开放思考、平等商量、真诚说理，碰撞出思想的火花，产生情感的共鸣，这是政协协商的态度，也是政协协商的精髓所在。

## （三）弘扬融合优秀传统文化和蕴含新时代精神的新家风

家风是个人和家族存身立世的根本，也是社风民风形成的基本单元和重要影响因素。新时代应当建立什么样的家风，是调研和网络议政中委员们热烈讨论的话题，这种热烈的氛围也延续到了会议现场。山东省曲阜市全国"五好家庭"代表孔令绍与家人一起，在家中通过手机视频连线发言。他和孙子手持手书的家训，展示和介绍了一代一代传承下来"诗礼传家"的孔氏家风。孔令绍以自己儿时的经历和教育子孙的心得，讲述了家风家训对家庭教育和个人成长的重要影响，展现了中华优秀传统文化在家庭文明建设和社会风尚引领中的巨大向心力和凝聚力。山东分会场的王学典委员对现阶段应该倡导什么样的家风发表了意见，提出至少要包括孝老爱亲、睦邻友群、守诚敦礼、报国奉公这四个方面。天津市政协委员张建云在天津分会场分享了他从事家风研究和实践的心得。他说，社会主义核心价值观应该像风一样，轻松自如地浸润到每一个家庭的家教、家训和家规当中，"家庭不只是人们身体的住处，更是人们心灵的归宿，要让更多人找到心灵的归宿，将社会主义核心价值观掰开揉碎融化在家风里"。住香港的林淑仪委员在香港工会联合会通过视频连线交流了香港政府和社会组织在发展家庭教育方面的经验，特别提到了公德教育的重要性，"品德教育不仅关系到个人的成败，更关系到民族发展和国家前途。需要增加香港青年对中国历史的教育，增加他们对民族、国家的认同"，核心价值观的建立需要长期坚持、久久为功，慢慢成为习惯，需要大家一起努力，合力跑赢这场"马拉松"。

中宣部常务副部长王晓晖对委员、家庭代表在发言中提到的制定家风建设指导意见等具体建议，以及把家风建设抓实的问题，给出了具体措施。共青团中央书记处书记徐晓也对成立家风研究机构，把研究成果以青年人的语言和青年人易于接受的方式指导青年家庭等问题做出了回答。

### （四）汇集各方力量推进家庭家教家风建设走深走实

在调研和网络议政交流中，委员们深深感到，家庭家教家风建设是家事更是国事，问题的表现在家庭，根子在社会。推动家庭家教家风建设往深里走往实里走，不仅需要部门联动、家校社互动，还需要群众团体、社会组织等各方面的积极参与，不仅要关注城市，而且要关注农村，特别是缺少父母关爱的农村留守儿童群体，更应该得到全社会的关爱。因此，汪洋主席从现场屏幕滚动问题中，特意挑选了黄宝荣委员提出的"关于农村留守儿童帮扶机构建设情况以及保障留守儿童健康成长"的问题，请农业农村部、民政部回答。他说，之所以在所有滚动问题中点了这一个，是因为我觉得这个问题非常值得重视，而且现在应该有条件也有能力重视了。我们讨论加强家庭家教家风建设，是在讨论怎么锦上添花，而对这些孩子来说则是雪中送炭，他们的家庭不完整，何谈家教，何谈家风。他深情地讲道，从一定意义上讲，我们实现工业化、城镇化，是以两亿农民工的付出为代价的，这个付出也包括他们的下一代，政府、企业、社会各方面都应该重视这个问题，各自都担起一些责任，尽量弥补这些孩子身上的遗憾。汪洋主席用朴实无华的语言讲述了农民工父母的不易、农村孩子的悲伤，正如他所讲到的，城市的孩子离政府近，我们都看得见，城市孩子的父母都有发言渠道、有话语权，而农村孩子的父母没有机会提意见，没有渠道传递声音，所以更需要政协委员站在他们的立场去想问题，在这样的协商会议现场替他们发出声音、传递意见。为弱势群体着想、为弱势群体发声，这是政协委员的职责所在，也是政协协商的内在要求和价值追求。

参会委员和部门同志都深受感动，之后的讨论更加务实。委员直接提出问题，部门负责同志正面回应，协商交流在简洁明快的节奏中持续深入。农业农村部党组成员、副部长于康震和民政部党组成员、副部长王爱文对汪洋主席提出的问题认真做出了回答，简明扼要地讲述了农村留守儿童帮扶工作的重要举措和工作探索。山东分会场的李掖平委员感到，基层社区负责人在基层治理和引领社风方面的作用非常重要，但是他们的职业尊荣感不强，认为上升空间有限，应当给予有效激励，让他们劳有所值、干有所荣，并且提出在社区治理资金中设立专项，给社区工作志愿者发放工作餐费补贴。民政部表示这两个建议确实应当考虑，将联系财政部，在政府购买服务方面加大投入。上海分会场的胡卫委员提出从创新基层治理的角度推进家庭家教家风建设，支持居委会、村委会基于实际制定管用的村规民约，以村规促家规，以民风立家风。他同时对调研中看到的上海市妇联通过政府购买服务鼓励社会组织推进家庭家教家风建设的成果给予了充分肯定，并希望在全国推广。其后，王丽萍委员在上海市长宁区华阳社区家庭文明建设指导服务中心（以下简称

"家中心")通过手机视频连线发言，家中心就是胡卫委员提到的政府购买服务的社会组织中的一个，和王丽萍委员一起出镜的还有正在家中心服务的志愿者。对此，全国妇联表示会大力推广上海经验，下半年就在上海召开现场交流会。民政部也表示会进一步加大政府购买服务力度，并对成功案例做经验总结和典型推广。陕西分会场的高洁委员提出要总结提炼基层家庭家教家风建设中好的做法和经验，将其纳入乡村治理和乡村振兴的措施之中，农业农村部立即对这一建议予以答复，表示该建议可行。

### （五）切实抓好关键少数的家庭家教家风建设

党员领导干部手中掌握着公权力，代表党和政府形象，他们的家风不单纯是个人的小事、家庭的私事，更关乎党风，也辐射政风，影响社风。在调研和网络议政中，委员们对这个问题的关注度、讨论度很高。委员们为党多年培养起来的领导干部因为工作忙忽视家庭、子女教育，基于补偿心理成为家人贪腐、违法的保护伞，沦为阶下囚的惨痛案例而扼腕叹息的同时，也深感家教畸形、家风不正对家庭式、家族式贪腐的影响之大，以及对党风、政风、社风、民风的恶劣影响之深。李晓峰委员在中央军委纪委办公室通过视频连线方式，就"突出抓好党员领导干部家风建设，引领党风政风社风民风根本好转"作了一个专题发言，提出要把党员领导干部的家风建设作为党风廉政建设的重点，紧抓不放，并作为加强党风廉政建设的重要驱动力。他还结合自己的工作经历和调研中了解到的情况，对如何抓好党员领导干部家风建设提出了三点建议。

对此，时任中央纪委国家监委宣传部部长的莫高义同志在现场做出深度回应。他首先谈了党员领导干部家风建设的重要性和必要性，特别强调党员领导干部的家风事关党风政风，不仅仅是领导干部公正履职的基础条件，也是领导干部工作作风的重要表现。他指出，对领导干部的家风建设应该有更高标准、更严要求。对李晓峰委员的建议，他认为，与目前中央纪委国家监委大力推进的工作内容和方向完全一致，一些具体措施也为他们的工作提供了很好的思路，会后将同有关单位积极协商，努力探索。同时，他在回应中深入解读了党的十八大以来，党中央狠抓党风廉政建设、狠抓关键少数的决心和信心，系统梳理和宣讲了中央纪委国家监委贯彻落实党中央重大决策部署的工作举措，为会场同志上了一场生动的党风廉政建设课，进一步深化了大家对抓好党员领导干部家风建设重要性的认识，强化了党员领导干部以身作则，爱家庭、重家教、正家风的政治自觉。

## 二、 调研筹备缜密精细

"注重家庭家教家风建设"网络议政远程协商会顺利召开的背后，既有各级领导的重视关心，也有政府部门、地方政协的大力支持，还有全国政协社会和法制委员会的缜密策划和精心组织。在政协搭建的平台上，各方面力量同向发力，各方面人员真诚沟通，各方面人才同心协商，各方面智慧汇聚碰撞，才能取得如此良好的会议效果和广泛深远的社会影响。

### （一）精心设计会议议题和协商形式

说起这次会议的由来，还有很多故事。

2018 年 11 月，习近平总书记同全国妇联新一届领导班子成员集体谈话时，要求认真研究家庭领域出现的新情况新问题，把推进家庭工作作为一项长期任务抓实抓好。为贯彻落实总书记要求，全国妇联向全国政协提出了召开"注重家庭 注重家教 注重家风"双周协商座谈会的书面建议。由于社会和法制委员会当时联系妇联界别，在征集遴选次年协商议题时，全国政协办公厅就将协商议定会议议题的任务交给了社会和法制委员会办公室。经与全国妇联办公厅多次沟通，将议题确立为"注重家庭家教家风建设"，列入 2019 年全国政协协商议题。考虑到家庭家教家风建设关系千家万户和人民福社，关乎精神文明建设和党风廉政建设，直接影响党风政风社风民风，受到社会各界广泛关注，并且涉及多个党委和政府工作部门，情况复杂，需要找到合适的工作抓手，在全社会广泛凝聚共识，在各个方面合力推进，这样的议题不符合双周协商会"小切口、大文章"的协商平台定位，而召开网络议政远程协商会，则可以在更大范围、更广领域做更为深入的探讨，所以全国政协办公厅领导经认真研究，提出将"注重家庭家教家风建设"作为网络议政远程协商会的议题。经全国政协主席会议审议通过，报中央政治局常委会审定，最终将"注重家庭家教家风建设"列为十三届全国政协第四次网络议政远程协商会议的议题。

### （二）深入做好前期研究，精心制定工作方案

家庭家教家风建设涉及的问题很多，而会议时间有限，必须从各种各样复杂的表象中切准脉，找到病根，聚焦牵一发而动全身的主要问题，有的放矢地协商，否则"头痛医头，脚痛医脚"，未必能取得良好的会议效果。这就要求会议的组织者一定要熟悉情况，了解问题，要通过细致深入的前期研究，确立破题的思路，找到最佳的问题切入点。为此，社会和法制委员会做了大量的研究和准备工作。

第一步，摸清情况。社法委办公室做了大量查阅工作，搜集整

理了数十万字的文件资料，不仅深入学习了习近平总书记关于家庭家教家风建设的系列重要讲话，而且对相关法律法规和政策文件进行了梳理。与全国妇联办公厅同志数次互访协商，与中央文明办等单位同志多次沟通联系，摸清"面"上的情况；向全国妇联推荐的工作成绩突出的地方了解情况，汇总整理各种数据和案例，厘清"点"上的问题。梳理政协委员对相关议题的提案和大会发言，掌握提案人、发言人情况，了解委员们重点关注的问题。

第二步，研究问题。在摸清情况的基础上，组织召开部委情况座谈会，邀请中央文明办、教育部、民政部和全国妇联、共青团中央等单位为委员介绍情况。召开专家学者座谈会，邀请北京师范大学于丹教授、中国人民公安大学李玫瑾教授、首都师范大学康丽颖教授、中华女子学院夏涵教授、中国社会科学院社会学研究所马春华副研究员、中央广播电视总台《谢谢了，我的家》制片人宾芳等专家与委员分享研究成果，共同交流探讨，列出问题清单，在征询部委同志意见后，明确下一步调研重点关注的问题。

第三步，制定方案。明确了研究的重点问题和方向后，初步拟定了调研提纲。在征询有关部门意见后，社会和法制委员会兼顾经济发展、文化积淀和地域分布等因素，精心选择了中华优秀传统文化积淀深厚的山东、历史悠久的西部农业大省陕西、现代化大都市上海和天津作为分会场并开展实地调研，并针对上海、山东、陕西实际情况，制定了个性化的调研方案，对山东侧重了解优秀传统文化对家庭家教家风的影响，对陕西侧重了解农村家庭的相关情况，对上海侧重了解社区和社会力量参与建设情况。同时，综合考虑委员专业领域、关注问题和住地情况，选定了调研组人员，也邀请了全国妇联有关负责同志参加调研。由于网络议政远程协商会这种新的协商形式还处于探索初期，社法委办公室根据前期研究情况，在制定调研方案时，也制定了会议筹备总体方案，排出了各项筹备组织工作的时间节点，对分会场设置、实地调研、发言人和参会部门选择、网络议政组织、宣传报道谋划、统筹成果转化等做出整体安排。

（三）深入基层了解情况，"调""研"结合问题聚焦

在陈晓光、李斌两位副主席带领下，社会和法制委员会专题调研组赴上海、山东、陕西三地，深入走访了50多个家庭、15个城乡社区、10余所学校，召开省市县乡镇社区村多层次、多类型的座谈会，针对重点问题，多方面了解情况。政协委员与专家学者和各方面代表人士广泛交流，听取意见建议。

## 1. 山东将中华优秀传统文化浸润到家庭家教家风建设工作中

山东是孔孟之乡，深受儒家文化影响。为更好地了解中华优秀传统文化对家庭的影响，调研组深入曲阜、济南，走访家庭、社区（村）、学校、中华传统家风家训文化园、孔子研究院，召开当地有关部门负责人座谈会，组织社区干部、教师代表、社会公益组织代表、家庭代表座谈会。委员们认为中华优秀传统文化源远流长，具有很强的生命力。要弘扬好的家风，需要将中华优秀传统文化与现代社会家庭特点结合起来，归纳出适用于现代家庭的家风。

走进山东省曲阜市小雪街道武家村，调研组问一户人家的婆婆怎么搞好家庭关系，婆婆笑眯眯地回答："婆婆怎么做，媳妇就怎么做。""自己好了，儿女就好。"这质朴的语言中蕴含着简单又深刻的道理。调研组在村委会与基层代表座谈时发现，村支部书记武波作为村家庭家教家风建设的带头人，用"好媳妇""好婆婆""文明家庭""卫生家庭"大家评等朴素的民主形式，带领村民建设好家庭，言传身教，培育传承优秀传统文化的好家风，整个村子民风淳朴，村民敦厚守礼，很少出现纠纷，没有发生上访的情况。基层干部向调研组反映，发挥基层家庭家教家风建设带头人作用非常重要。

调研中，家长和老师们对调研组表达了做好家庭教育工作的期盼。调研组来到曲阜市孔令绍家庭，看到家里窗明几净，墙上挂着家训，书柜里摆放着"全国五好家庭"的奖牌，三世同堂，其乐融融。孔令绍向调研组介绍说，他们家传承孔子家训"诗书传家"。他认为在家庭教育中，家长是主体，家长要承担责任，让浓郁的儒家传统文化浸润到家庭日常生活之中。他对儿子、孙子言传身教，与他们做朋友，用耳濡目染的方式，形成了好学谦逊、知书明理的好家风。

### 2. 陕西展现了城乡家庭家教家风建设工作的差异

陕西省是秦汉文化的发源地，历史悠久，也是西部农业大省、农村劳动力输出大省。调研组在陕西省重点调研了农村家庭情况，以及家庭家教家风建设在农村基层社会治理中发挥作用的情况。调研组赴咸阳市淳化县和泾阳县，走访农村家庭，关注留守儿童家庭、问题家庭，与在一线工作的村干部、扶贫驻村干部代表、乡村教师代表座谈，听取意见建议。后赴西安市，走访社区、学校，通过座谈了解当地纪检监察、宣传、教育、民政、司法、妇联、共青团等有关部门开展相关工作的情况。

在淳化县座谈时，当地干部向调研组反映，农村和城市人口文化素质、居住生活形态差异很大，在基层社会治理、公共服务提供等方面并不相同，家庭家教家风建设工作背景不一样，因此不能套用城市的建设模式。农村文化生活相对落后，更需要开展家庭家教家风建设。

全国政协副主席陈晓光率调研组走访陕西省咸阳市淳化县家庭

调研组走访泾阳县王桥镇社树村留守儿童家庭，发现孩子们非常想念父母，特别渴望关爱。调研组实地考察东街小学家长学校时，学校正在开展针对留守儿童的关爱课堂，在"认识和管理情绪"课上，每个孩子面前有一个小盒子，里面放着孩子们最珍贵的东西，调研组打开其中一个盒子，里面放的是孩子妈妈的照片，孩子眼睛里噙着泪水说，妈妈已经好久没有回来了。基层干部和教师反映，我国的农村家庭教育是特别需要关注、支持的领域，留守儿童是特别需要关爱的群体，特别希望政协为他们发声，为他们争取权益。

调研组走进西安市曲江二小，了解家长学校开办情况。学校在女校长的带领下，举办家教讲堂，听家长倾诉烦恼，解答家长的困惑，组织家长开展课下联谊、实地参观学习等活动，将孩子心声、家长寄语、家庭教育故事编撰成文集，用身边生动活泼的案例作为教材，为学生和家长所喜闻乐见。调研组在与校长、教师、家长座谈时，校长和教师代表反映，家长有缺乏科学方法教育子女的焦虑；学校开办家长学校，难以获得持续的条件保障。虽然学校探索出了一条较好的家校共建制度，获得了一片赞誉，但因为缺乏常态化的政策和人才支持，开展家长培训实际非常困难，如果校长退休了，可能家长学校也就停办了。

## 3. 上海发挥社区和社会力量作用推进家庭家教家风建设

上海是改革开放的前沿，先行先试的典型很多。调研组分别在徐汇区、杨浦区、松江区调研，走访家庭、社区家庭文明建设指导服务中心、家长学校、社会组织，召开社区干部、社区家庭文明建设指导服务中心负责人、社工代表、相关社会组织负责人、专家学者座谈会，听取意见和建议，座谈了解当地纪检监察、宣传、教育、民政、妇联、共青团等有关部门相关工作的开展情况。

调研组在长宁区华阳社区家庭文明建设指导服务中心看到，图书馆里人们安静阅读，儿童照料中心里孩子们看书学画做游戏，绘

全国政协副主席李斌率调研组走访
上海市徐汇区枫林街道家庭文明建设指导服务中心

画班、手工艺术班、合唱团正自得其乐，乒乓球、太极拳等运动组正全情投入……社区负责同志告诉调研组，家庭文明建设指导服务中心是以政府购买服务的方式，充分发挥社会力量的作用，引导专业性社会力量的项目化参与，同时鼓励志愿者提供志愿服务，在上海，这种中心有 218 个，华阳社区的志愿者达到了 1.5 万人。调研组在与志愿者座谈时发现，有的志愿者是退休干部，希望发挥余热，实现社会价值；有的是家庭遭受过重大挫折，克服困难走出阴影后，希望帮助更多家庭；还有些是热心民众，义务做些志愿者组织工作，提供场地并身体力行投入志愿活动。有的委员在调研组内部总结会上说，上海实现了家庭家教家风建设工作的政府和社会的良性互动，这是发展方向。深入剖析总结上海案例，将对全国家庭家教家风建设工作具有实践指导意义。

此外，调研组对天津市进行了补充调研，走访天津市政协，就分会场相关筹备工作座谈交流，并实地考察了分会场；和部分住天津全国政协委员、天津市政协委员代表座谈，围绕家庭家教家风相关法律制度建设、将社会主义核心价值观融入现代家风等重点问题进行交流讨论。

通过调研，委员们进一步理清了思想脉络，明确了问题症结，找准了各自的发言方向，进行了有针对性的调查和思考，也为支撑自己的观点找到了大量的现实素材，为之后的网络议政和远程协商奠定了坚实的基础。

## 三、 网络议政异常热烈

网络议政是远程协商会前，发动委员参与协商的重要环节，委员们在全国政协委员移动履职平台软件上，围绕"注重家庭家教家风建设"主题，在网络议政群中发表文字、图片、视频，进行发言、讨论、交流。

### （一）选择特殊节点开通主题议政群

十三届全国政协伊始，汪洋主席就做出尽快推出移动履职平台的重要指示，强调要"把委员碎片化的时间、灵光一闪的思想火花充分利用起来"。为落实汪洋主席重要指示精神，全国政协办公厅在2018年8月召开的议政性常委会上正式推出委员移动履职平台，并在以后的专题协商活动中应用，成为委员们围绕主题协商议政的重要网络平台。2019年，全国政协社会和法制委员会在远程协商会前一个月，特意选择在6月1日儿童节这个时间节点开通"注重家庭家教家风建设"主题议政群，也是为了突出家庭这个主题，引起委员们更多的关注和讨论。为了使网络议政群成为调研的延伸，工作人员将委员们在调研中总结的重点方面和重点问题作为群内讨论的重要话题，通过上传相关政策、研究文章、调研资料、图片或视频，让参与讨论的委员们更好地了解政策情况，更深入地进行探讨。

## （二）网络议政话题度高，持续月余热度不减

委员们在主题议政群的发言异常踊跃，每天都有数十人讨论交流，汪洋主席在远程协商会上评价说该群"是单位时间内发言人数最多"的议政群。网络议政群开通期间，1943名委员登录平台，260多位委员发言，提出意见建议600多条，累计10万余字。此次主题议政群实现了委员全覆盖，全国政协34个界别均有委员发言，其中妇联界别、社会福利和社会保障界别、教育界别发言人数位居前三。在建议的内容方面，关于家庭教育的发言最多，超过整个发言的一

半以上。

总体来看，委员们围绕主题讨论热烈，互动气氛好，建言质量高。汪洋主席在远程协商会上，对委员们在网络议政群的发言做出点评，对议政群良好的讨论氛围予以充分肯定。委员们线上发言呼应了调研中发现的问题，委员们关注的问题、提出的建议与调研情况不谋而合，还从各自工作领域和个人经历等角度，头脑风暴式地提出了很多有思想、有创意、有价值、有见地的意见建议。比如在关注度最高的家庭教育问题上，霍启刚委员提出家庭应发挥主导作用，家长要在孩子成长的每一个关键阶段都能给予孩子关键帮助。颜明委员认为，应该要求家长参加家教培训课程，结业发证，"持证上岗"。潘碧灵委员建议加强隔代家教指导服务工作，加强对祖辈家长的分类指导，探索适合祖辈家长隔代教育的指导形式。于革胜委员说，家长要走出狭隘的望子成龙望女成凤观念，注重中华民族优良传统和好家风的言传身教，教导子女承担社会责任，引导子女厚植家国情怀，为日后成为栋梁之材打下良好的思想基础、品德基础和人格基础。姚爱兴委员说，家校合作缺乏有效的沟通途径，沟通多以单向灌输为主，缺少互动交流，网络平台成为发送作业平台，期望整体推进家校合作建立联动点。通过广泛的线上讨论，参加远程协商会的委员在调研中形成的很多观点和看法得到了验证，一些意见建议在得到质疑的同时也得到了很大启发，考虑不完善不周到的地方在讨论中得到了及时补充和修正，还有很多新的思想火花在碰撞中不断涌现，达到了深化调研、开拓思维、启发思想、凝聚共识的目的。

### （三）从线上到线下，网络发言"奔现"

委员在网络议政群的大范围参与，既宣传了家庭家教家风建设政策，又指出了当前工作现状、存在的问题及问题产生的原因，还提出了不少切实可行的建议。社会和法制委员会办公室每周两次整理委员们阶段性讨论成果，及时上传到主题议政群，供委员们学习参考。在远程协商会前一天22时前归纳整理主题议政群发言提出的所有问题和意见建议，形成网络议政综述，由负责组织会议的社会和法制委员会主任沈德咏在远程协商会上发表，并印发供所有参会人员参阅。参加远程协商会的委员在发言中将与自己关注问题相关的网络议政发言予以吸收采纳。远程协商会进行时，委员们在网络议政群中提出的高热度问题会在远程协商会场大屏上滚动播放，汪洋主席随机挑选一些问题，请参会部门领导给予解答。远程协商会结束后，委员的意见建议被综合吸纳，体现在政协信息专报等成果中，报送党中央、国务院和有关部门，作为决策参考。

## 四、 会议成果广受关注

### （一）听取和吸收了社会方方面面的意见建议

在整个协商活动中，参与者包括中央各相关部委、人民团体、各界委员、各地党委政府、基层组织和基层工作人员、学校、社区、社会组织、家庭、志愿者、社工。社会和法制委员会归纳整理的委员们在网络议政群、远程协商会上吸收到发言中的意见和建议，来自社会各个方面，既有政府部门工作中的难点，也有群众生活中的堵点；既有成功的经验总结，也有推不动、难落实的具体困难；既有制度机制支撑保障方面的共性问题，也有地区部门风俗民情等方面的差异性问题；既有城市广大家庭面临的普遍困惑，也有农村留守儿童所在的特殊群体家庭的微小愿景；既有宏观的制度政策理论问题，也有基层实践中的"鸡毛蒜皮"。由于政协协商没有部门利益，政协委员没有行政层级，政协调研不拘形式，政协建议直达中央，因此，各方面人士也愿意把困难和问题向政协委员反映，把期待和愿望向政协委员倾诉，也正是因为全面听取了各方面意见建议，政协委员的思考和建议才更全面更公允也更有价值，有关部门也更愿意到政协来协商，愿意认真听取并采纳政协委员们的意见建议。

## （二）引起了媒体广泛宣传和社会高度关注

远程协商会后，央视《新闻联播》、人民日报等媒体刊登委员发言摘登，人民政协报进行专版宣传，中国妇女报作了报道。新华网刊登了会议综述，社会和法制委员会微信公众号进行了持续宣传，天津、上海、山东、陕西的媒体进行了相关报道。地方政协公众号、教育类和家庭教育类公众号也进行了转发，形成了宣传"家庭家教家风建设"的媒体矩阵。经过各主要媒体的积极报道，向全社会广泛宣传家庭家教家风建设的重要性和相关工作，引导人们关注、重视家庭家教家风建设工作，为进一步推进工作营造了良好社会氛围，为有关单位开展相关工作提供了支持。

## （三）凝聚了各方面重视家庭家教家风建设的共识

通过网络议政远程协商，全国政协委员们深入客观分析研究问题，平和中肯地提出符合家庭家教家风建设规律和发展趋势的建议，不仅为党和国家科学决策提供了有价值的参考，有助于推动相关工作科学有序开展，而且让部门同志看到了政协协商的精神，感受到了协商民主的重要价值。

通过网络议政远程协商，委员们深入学习了中央决策部署和有关政策理论，通过调研和讨论，更加直观地感受到了家庭家教家风建设的重要意义，更加深刻地感受到了自己肩负的责任。正如委员们自己所说，受到了教育，收获很大。委员们纷纷表示，要以身作则，带头构建和谐的家庭关系，带头搞好家庭教育，带头传承优良家风，展现廉洁修身、廉洁齐家的良好形象；强化责任担当，主动做好思想引领、宣传教育工作，积极影响带动所联系的界别群众、基层群众共同搞好家庭家教家风建设，推动家庭文明在每一个人心中和每一个家庭中落地生根，为新时代家庭文明建设做出应有的贡献。

通过网络议政远程协商，委员们向社会发出了政协好声音，呼吁全社会要重视家庭家教家风建设，创建文明家庭，培养时代新人，践行社会主义核心价值观，以优良家风培育良好社风。

## （四）有力推动了科学决策和部门工作

政协委员通过网络议政远程协商平台，深入客观分析研究问题，提出了符合家庭家教家风建设规律和发展趋势的建议，为党和国家科学决策提供了有价值的参考，有效推动了相关工作。网络议政远程协商会议成果以政协信息专报形式报送有关中央领导同志。全国妇联发来了《全国妇联贯彻落实"注重家庭家教家风建设"网络议政远程协商会精神的具体举措》，反馈协商建议落实情况。相关部门也明确将委员们提出的有价值的意见建议纳入了工作内容，予以规划和具体落实。

鉴于会议成果的重要决策参考价值和实践指导意义，相关工作部门认为应当进一步扩大成果宣传推广，提高社会知晓度和影响力，主动提出与全国政协社会和法制委员会在具体工作中加强合作，促进会议成果转化落地。2019年10月，中国教育学会邀请全国政协社会和法制委员会，在广东深圳市共同举办了2019年家庭教育学术年会，沈德咏主任和4位参加了远程协商会的委员应邀出席会议。沈德咏主任在开幕式致辞中着重介绍了"注重家庭家教家风建设"网络议政远程协商会的重要成果，4位全国政协委员在会议上分享了参加调研和会议的收获、感受和思考，将网络议政远程协商会议成果与600多位来自全国各地的家庭教育研究者、管理者、实践者进行了分享和交流。2020年5月，全国妇联举办"最美我的家，抗疫'家'力量"全国抗疫最美家庭云发布活动，邀请全国政协社会和法制委员会吕忠梅驻会副主任参加揭幕仪式，揭晓660户全国抗疫最美家庭名单，通过榜样示范来进一步推动文明家庭创建，促进家庭德育美育教育，弘扬新时代良好家风。

这次应中国教育学会之邀，将会议成果集结成书，正式编辑出版，也是想将会议成果与更多人分享，希望更多人重视和推动家庭

2019 年 10 月，全国政协社会和法制委员会与中国教育学会
联合举办 2019 年家庭教育学术年会

家教家风建设，更多人支持和帮助相关部门开展工作，同时也希望
更多人了解和关注人民政协，更多人愿意参与并共同推动中国特色
社会主义协商民主建设。

# 第一编　体制创新赋活力

　　家庭家教家风建设既是家事，也是国事，不仅与每个人、每个家庭休戚相关，也与社会稳定发展相辅相成，与国家繁荣昌盛紧密相连。当前，家庭家教家风建设在各地取得了成效，但也面临一些问题，需要从宏观的角度做好制度设计，调动各方面的力量，让家庭家教家风建设真正落地生根。

# 1.1 提高认识聚合力

家庭家教家风建设是需要全社会共同推进的国事，目前还存在重视不够、尚未形成各方有效协调配合的工作机制等问题，迫切需要进一步提高全社会对家庭家教家风建设重要性的认识，凝聚抓紧推进工作的共识，结合新时代发展的需要，形成促进家庭家教家风建设的工作合力。

## 1.1.1 凝聚全社会注重家庭家教家风建设的共识

沈德咏（中共十九届中央委员，全国政协常委、社会和法制委员会主任，最高人民法院原党组副书记、常务副院长）：党的十八大以来，习近平总书记多次强调要注重家庭、注重家教、注重家风，以历史的宏观视野和战略眼光，明确指出家庭的前途命运同国家和民族的前途命运紧密相连；家庭是社会的细胞，是人生的第一个课堂；家庭教育涉及很多方面，但最重要的是品德教育，是如何做人的教育；国风之本在家风。习近平总书记的重要论述为加强家庭家教家风建设指明了方向，提供了根本遵循。调研发现近年来各方面在推进家庭家教家风建设中取得了成效，也有一些较为普遍存在的问题，调研中委员和地方各相关部门一致认为，注重家庭家教家风建设对实现中华民族伟大复兴的"中国梦"至关重要，必须综合施策，切实抓紧抓好。

黄晓薇（中共十九届中央候补委员，全国政协委员，全国妇联党组书记、副主席、书记处第一书记）：全社会都要重视、关心、支持和参与家庭建设。习近平总书记指出，千家万户都好，国家才能好，民族才能好。中华民族优秀传统文化也特别重视修身、齐家、治国、平天下。每个人都是社会中的一分子，每个家庭都是祖国大家庭的一员，如果人人都能做到爱国、敬业、诚信、友善，家家都能做到既爱小家也爱大家，实现国家富强、民主、文明、和谐，倡导社会自由、平等、公正、法治就有坚实的基础。因此，必须在全社会大力宣传总书记提出的"三个注重"，最大限度地调动社会各方面的资源和力量，给予家庭建设更多投入。

徐敬业（全国政协社会和法制委员会副主任，重庆市政协原主席）：习近平总书记在 2018 年春节团拜会上强调"天下之本在国，国之本在家"。注重家庭家教家风建设，是固本强基的事业，当然应该成为国家治理的重要内容。但是，在调研中，发现还存在一些具体问题。一是对家庭家教家风建设的范畴还不太统一，有的同志片面认为就是孩子的教育问题。二是工作体系还不够明确，我们到基层调研很多时候只是妇联的同志在介绍情况。三是工作内容还存在碎片化，没有规划，各唱各调。

因此，我们建议深入落实习近平新时代中国特色社会主义思想，将家庭家教家风建设上升到国家治理层面加以重视。一是进一步丰富家庭家教家风建设的内涵和外延。要充分认识家庭家教家风建设体现在家庭，但不能局限于家庭，它既是家事，也是国事，是涉及党风政风建设、社会主义核心价值观建设、妇女儿童保护、社会综合治理及教育事业等多方面的系统工程。二是进一步明确家庭家教家风建设的任务目标。家庭家教家风建设可以分解出很多任务目标，但核心是"育新人"，要通过家庭这个社会基本细胞的建设，在全面建设社会主义现代化国家新征程中实现全民族综合素质的提升。要防止片面地将家庭家教家风建设等同于青少年教育，每个家庭成员都应成为关注对象，成人作为家庭家教家风建设的参与者和家庭的主导力量，应当得到更多的关注。

## 1.1.2　加强新时代家庭家教家风建设

陈义兴（全国政协委员，福建省政协原副主席）：党的十八大以来，习近平总书记在不同场合多次谈到要"注重家庭、注重家教、注重家风"，强调家庭的前途命运同国家和民族的前途命运紧密相连。中华民族自古以来就重视家庭家教家风，但是随着经济社会快速发展，家庭家教家风建设出现了一些新情况新问题。一是社会重视程度不够。社会普遍认为，家庭家教家风建设是家事而不是社会的事，责任在家庭不在社会，导致部分地区党委政府重视不够，缺乏顶层规划，各级部门联动不足，家庭教育存在偏差，重学业知识教育、轻人格理想信念教育等观念比较普遍，家庭对育儿指导、早教托管等服务的需求与日俱增，但公共服务机构严重缺乏，不能满足家庭需要。二是教育理念存在偏差。父母、学校重学生教育、轻家长教育，尚未形成家校协作育人的合力。大多数家庭教育观念比较狭隘，导致孩子无法得到全面发展。三是外部环境影响较大。高离婚率、单亲家庭、留守儿童、拜金主义、享乐主义、沉迷互联网等问题对孩子产生了不好的影响。

谈剑锋（全国政协委员，上海众人网络安全技术有限公司董事长）：在互联网时代，家庭家教家风建设发生了新变化，也遇到了新问题，值得我们关注及思考：一是互联网家庭家教家风建设的普及性不足；二是不良网络文化对家庭家教家风建设有负面影响，青少年热衷于互联网文化和网络语言，网络上的庸俗信息对青少年价值引导产生负面影响，不少家长难以理解网络文化，家庭中出现语言和价值观念的代沟；三是和互联网一同成长起来的 80 后、90 后年轻家庭的家庭家教家风建设受互联网影响大。

针对以上问题，给出如下建议。一是建立线下+线上的互联网家庭家教家风建设工作模式。家庭家教家风建设是弘扬社会主义核心价值观的一项重要工作，是全社会共同努力的事业。宣传好才能落实好，要积极用好互联网传播技术，结合政府引导、学校教育、社区宣传、妇联街道活动、企业文化等，建立线上宣传展示+线下推动落实的模式。二是守好网络阵地，积极引导互联网家庭家教家风建设工作。守住守好网络意识形态主阵地，加强宣传教育，构建绿色健康的互联网环境是开展互联网家庭家教家风建设工作的关键。政府网络平台、社会组织公众号、社区交流群等要积极发挥作用，加强网络生态治理，树立正确价值导向，把互联网建设成最活跃、最有成效的宣传中心、教育中心。将家庭文明建设作为提升社会文明程度的重要载体，推动形成社会主义家庭文明新风尚，为现代社会的和谐发展凝聚和传播正能量。

李大进（全国政协委员，北京天达共和律师事务所主任）：家教家风与国教国风相互影响，密不可分，互为基础。中国上下几千年的历史文化和文明中蕴含和传承着家教家风，也张扬着国教国风。当今的中国正处在极其重要的历史时刻，全社会所有人的言谈举止无不体现着自己的家教家风，面对世界也处处彰显着国教国风，我们的信心源于此，担忧也源于此。特别是在需要人人都担当和践行的当今现实中，我们有自信能自豪的底气就来自家教家风和国教国风，这不是拔高，而是实实在在的现实。当80后、90后都开始为人父为人母之后，我们真的该呼吁全社会人人都来关注、审视和讨论我们今天和未来需要什么样的家教家风，并以此去承载和撑起国教国风。

马萧林（全国政协委员，河南博物院院长）：家庭是社会的基本细胞，家教家风不仅关乎青少年的健康成长，而且关乎国家的未来发展。当前，社会上存在的拜金主义、信誉缺失等不良风气，正在影响甚至改变着人们的世界观、人生观、价值观，也无疑侵蚀着青少年的心灵。因此，建议尽快在全社会开展家庭家教家风建设活动，促进家庭和睦与社会和谐。这需要家庭、学校和社会三方通力协作，从小处着眼，从点滴抓起，持之以恒，久久为功。

## 1.1.3　地方工作

### 上海强化市区联动，形成同城效应

上海市各级妇联组织把家庭建设作为妇联的主业主责，引领全市 825 万户家庭传承好家风、好家训，在引导广大妇女、带动家庭成员弘扬家庭美德、积极践行社会主义核心价值观中发挥了积极作用。

#### 阵地联建，推进家庭建设长效开展

2004 年，全市第一家社区家庭文明建设指导服务中心（以下简称"家中心"）在长宁区华阳社区探索成立。2006 年，市妇联会同市文明办、市民政局等联合下发《关于推进社区家庭文明建设指导中心的实施意见》，要求各街镇探索"党委领导，政府支持，文明办、民政指导，妇联主管，社工承办，社会参与"的运作模式，更好地发挥"家中心"凝聚妇女、带动家庭、联动社会的作用。群团改革后，市妇联进一步将"家中心"定位为项目化运作、实事化服务、社会化参与、信息化管理的社会公益性服务平台，广泛开展寻找最美家庭、创建文明家庭等活动；办好社区家长学校，开展家庭教育指导活动；根据辖区内居民的实际需求创设具有妇联特色、家

庭受益、群众欢迎的家庭服务项目。按照群团改革方案中"在专业化社区工作者队伍中，加强妇联工作力量配备"的要求，每个"家中心"至少配备 1~2 名社区工作者并纳入全市社区工作者管理体系。截至 2019 年底，全市共有各级"家中心"218 个，配备社区工作者 278 人。

从 1989 年开始，每两年举办一次家庭文化节，为期一个月，是市民百姓期待的文化盛会，至今已连续举办了 15 届。每当金秋时节，全市上下统一主题，开展丰富多彩的家庭文化建设实践活动，营造了全民参与、全面支持的良好社会氛围，如举办"倡扬时代家风·共建卓越城市——改革开放 40 周年上海家庭文化展"和"礼赞新中国　倡扬好家风"上海市家风家训主题宣传月活动等，引发了社会对家庭建设的重视。每年的"六一"儿童节，开展"树家国情怀，做合格小公民"等主题活动，通过"奔跑吧，童年"文化寻根趣味亲子马拉松、"我在春天等你——带着爸爸一起来运动"等活动，培养孩子的好思想、好品行、好习惯。近年来，上海市还结合市民文化节、市民运动会等全市大型活动，倡导良好的家风家教传承。

**项目联动，提升家庭建设社会化专业化水平**

自 2014 年至 2019 年，上海市妇联每年安排 1200 万元专项经费，

上海市开展"礼赞新中国 倡扬好家风"活动

围绕妇女儿童家庭需求强烈的痛点难点问题，以购买服务方式推出家庭服务项目，统一配送到全市各街镇、社区和基层单位。近三年参与市妇联服务家庭类活动的社会组织达到 152 家。一是统一配送上海市家庭教育指导服务项目。推进 100 多个进社区、进机关、进学校、进企业、进楼宇"五进"项目，直接受益对象近 100 万人次，既包括普通家庭，也包括残障、情绪行为问题、流动留守和失独等困境家庭。如 2019 年向全市 350 所初中学校配送"如何与青春期的孩子沟通"讲座，组织专家集体研讨备课、统一培训授课老师，帮助家长正确处理亲子关系，促进家庭和谐。二是每年举办 10 场上海市家庭教育高峰讲坛。与上海市社科院联手，邀请全国知名专家学者聚焦家庭教育难点、热点面向家长讲授知识经验并答疑释惑，并将讲座内容汇编成《家庭教育十人谈》系列书籍，使科学育儿理念和方法惠及更多家庭。三是在"上海女性"官微推送 600 余个家庭教育微视频和音频，其课程涵盖 0~6 岁、小学、中学、祖辈课堂、特殊儿童家庭教育，播放总量达 40 多万次，为家长提供便捷、专业、多元的指导。

供新生婴幼儿家庭免费领取的婴幼儿家庭教养指导手册

### 典型联树，营造家庭建设良好氛围

抓住"三八"妇女节、5·15 国际家庭日、家庭文化节等重要节点，全市上下共同宣传表彰优秀家庭，发挥先进家庭的典型引领和示范带动作用。一是将文明家庭纳入精神文明表彰序列，通过层层推荐，每两年表彰 200 户"上海市文明家庭"，并从中择优推荐为

"全国文明家庭"和"全国最美家庭"，在"上海发布""上海女性"等各大媒体予以广泛宣传。二是深入开展寻找"海上最美家庭"活动。依托全市 200 余个街镇"家中心"和 6000 余个村居"妇女之家"，动员家庭积极参与"晒、议、讲、展、秀"5 个环节活动，不设标准，没有门槛，寻找群众身边的"最美家庭"。自 2014 年以来，全市共寻找村居、街镇、区和市级各类"最美家庭"近 7 万户，成为推荐评选"上海市文明家庭""全国最美家庭""全国文明家庭"的"蓄水池"。三是建立家庭志愿者队伍。通过梳理、整合、归并，形成一支数量充足、素质优秀、相对稳定、积极奉献的家庭志愿者队伍，丰富服务内容，纳入志愿者管理体系，弘扬和传承志愿精神，助推上海市家庭建设。

### 1.1.4 实践案例

以点带面，让"最美家庭"遍地开花

自 2014 年开展"寻找最美家庭"活动以来，陕西省咸阳市各级妇联始终坚持以社会主义核心价值观为引领，不设门槛、不设标准，群众推荐、群众评议、群众投票，鼓励老百姓展示自己家庭的文明家风、和谐家貌、感人故事，精心组织了 2016 年全市"最美家庭"

现场会暨"最美家庭"表彰大会、2017 年咸阳市"最美家庭"才艺大赛和 2018 年咸阳市"最美家庭"表彰大会暨"五美庭院"现场推进会。

咸阳市在全市的"妇女之家"和"留守儿童之家"均设立了"最美家庭"报名点，在机关单位重点寻找"廉洁家庭"，使广大党员干部树立廉洁的为民形象，忠于家庭，忠于国家。通过不断地创新寻找方式，实行由下而上的申报形式，基层妇联、社会团体、普通居民通过"妇女之家"申报、自荐、他荐等多种方式积极参与，使寻找"最美家庭"活动不只是一个评选结果，更是一个展示家庭风采、传承家风家训、弘扬家庭美德的过程。寻找"最美家庭"活动开展以来得到全市妇女和广大家庭的热烈响应，他们走出家门、来到"妇女之家"，议家风、谈家规、讲故事，晒出家庭幸福照片，畅谈家庭和谐文明，共秀家庭未来梦想。从农村到城市、从企业到机关，纷纷推出一大批各具特色的"最美家庭"。五年来全市参与寻找"最美家庭"相关活动人数达 40 多万人次，形成了覆盖全市、自上而下、纵横交错的活动组织网络，让广大妇女和家庭切实感受到寻找活动正在当下，"最美家庭"就在身边。

截至 2019 年 4 月，在咸阳市 141 万余户家庭中，推选了"全国最美家庭"7 户、"三秦最美家庭"70 户、"咸阳市最美家庭"741

户、各县市区"最美家庭"5251户。在开展寻找"最美家庭"活动的基础上，充分发挥"最美家庭"蓄水池作用，层层推荐、好中选优，评选表彰"全国五好家庭"7户、"陕西省五好家庭"42户、"咸阳市五好家庭"29户、各县市区"五好家庭"3400户。在全市形成了较好的影响力，为践行社会主义核心价值观，巩固文明城市创文成果起到了积极作用。

# 1.2　建立体系促发展

当前，家庭家教家风建设已经在各地开展起来，但各部门配合协作不够，统筹推进家庭家教家风建设不足，需要建立党委统一领导、政府部门分工负责、社会力量积极参与的工作机制，推进家庭家教家风建设全面深入开展。

## 1.2.1　全面加强党对家庭建设的领导

沈德咏：推进和加强家庭家教家风建设，关键在于加强党的统一领导。一是在中央层面建立统揽全局的家庭建设指导委员会，全面加强党对家庭建设的领导。建立健全由党委牵头，政府主导，文明办、妇联、教育部门共同参与的家庭家教家风建设领导协调机制。二是贯彻落实关于加强家庭家教家风建设的指导意见，建立联席会议制度，构建"政府主导、文明办引领、部门联动、家庭尽责、社会参与"的工作格局。三是加强对相关问题的深入研究，将家庭家教家风建设纳入精神文明建设总体规划，从理论与实践两个方面界定家庭家教家风的概念、本质等理论问题，明确工作抓手和实践要求，进一步凝聚社会共识。四是制定、修改相关法律，完善法规制度体系，明确家庭家教家风建设的行为底线、法律红线，加强制度"硬约束"。

**徐敬业**：进一步完善落实家庭家教家风建设的治理架构。《关于深化家庭文明建设的意见》明确了党委统一领导，文明办组织协调，有关部门分工负责，社会力量积极参与的领导体制和工作机制。要进一步将这一体制机制落地落实，建立完善议事协调机构，明确参与部门，将纪检、组织、教育、政法、妇联、共青团等部门吸收进来，制订工作计划，落实分工责任，真正形成齐抓共管局面。

尊重家庭的主体地位。家庭家教家风建设最终落实在每个家庭，党政机关不能越俎代庖，要防止用简单的行政命令代替深入细致的引导倡导工作，要将更多的精力投入到创造条件、培养氛围、激发主动性、体现时代性等方面。

注重吸收社会力量参与。要激发社会组织和相关企业活力，调动一切积极因素投入家庭家教家风建设。充分发挥社会组织和相关企业专业化服务功能，既注重通过政府购买服务等手段支持公益性组织开展活动，又鼓励相关企业通过市场化方式向广大家庭和各级政府提供服务。

积极发挥基层党组织及居委会、村委会等基层群众自治组织作用。家庭家教家风建设的"最后一公里"要依靠广大基层组织落地落实。调研中我们看到各地基层党组织和居委会、村委会都有很多鲜活经验，要尊重基层首创精神，注重总结推广先进经验、有效做法，引导基层组织发挥作用。

要特别注意处理好多样性和一致性的关系。每个家庭的情况千差万别，绝对不能搞一刀切。在唱好主旋律的同时，要防止整齐划一，要尊重同一主题下不同的表达方式，努力形成万紫千红的生动局面。

杭元祥（全国政协委员，中国宋庆龄基金会党组书记、副主席）：家庭家教家风建设，关系千家万户的切身利益，关系年轻一代的健康成长，关系国家和民族的未来，不仅仅是一家一户的小事私事，需要党委政府从统筹推进"五位一体"总体布局、协调推进"四个全面"战略布局的高度来谋划推进。一是需要党委政府的统筹谋划。就"五位一体"而言，家庭家教家风建设应纳入社会建设重要内容；就"四个全面"而言，家庭家教家风建设应纳入全面从严治党重要内容，发挥各级领导干部的示范带动作用。二是需要基层党组织的引领。从调研情况看，城市社区党组织、村党支部在家庭家教家风建设方面都发挥了积极的引领作用，好支部、好书记有力促进了和谐社区建设、邻里守望相助、困难家庭帮扶，促进了志愿服务广泛深入开展。三是需要中华优秀传统文化的滋养。中华优秀传统文化为推进家庭家教家风建设提供了丰厚营养。一些地方设立家风馆、编印家风家训，开展了许多有益探索。同时，要结合新的时代要求，倡导新风正气，引导树立正确的婚恋观、家庭观，使社会主义核心价值观在家庭领域落细落小落实。

陈义兴：抓好家庭家教家风建设要抓好顶层设计，将家庭家教家风建设纳入各级党委、政府工作考核，推动形成党委领导、政府负责、部门协同、家庭参与的良好社会氛围。同时，加强对互联网的监管力度，研究出台务实管用的政策措施，在防止青少年沉迷网络的同时，让互联网成为家庭家教家风建设的推进器。

## 1.2.2　构建政府主导的工作格局

崔郁（全国政协委员，全国妇联原副主席、书记处书记）：加强家庭家教家风建设刻不容缓，意义重大，这是一项社会建设的系统工程，需要政府、社会和家庭的共同努力。在基层，妇联组织已经先行先试，做了大量工作，"最美家庭""五好家庭"、家长学校、家庭教育指导等一些工作已经形成了一定的影响力，但是力度还很有限，一些突出的问题亟须协商解决。一是要解决共识的问题。目前，家庭家教家风建设是家庭而不是社会的事，责任在家庭而不在社会的思想意识还很深，解决问题的关键是要转变社会观念，提升传承和弘扬良好家风的广泛共识。二是要解决责任落实的问题。相关政府部门虽然结合工作职能，都从不同角度开展家庭工作，但系统化整体推动工作的合力不够，解决问题首先要明确责任落实。三是要解决家庭教育专业化问题。调研中 87% 的家长有缺乏科学方法教育子女的焦虑，家长渴求得到关于家庭教育的专业化指导服务，解决问题的关键是要有对家庭教育系统科学的研究和规划。四是要解决深化落地的问题。家庭家教家风工作没有真正走入家庭，解决问题的切入点应该在社区，社区通过提供就近就便的有效服务满足家庭需求。

为此，提出以下几点建议。一是加强工作统筹。建议中央文明办将家庭家教家风建设纳入新时代精神文明建设的主要内容，各级党委和政府负起领导责任，切实把家庭文明建设摆上议事日程，工青妇等群众团体结合自身特点积极组织开展家庭文明建设活动，形成重视支持家庭家教家风建设的工作合力，在全社会培育注重家庭、注重家教、注重家风的新风尚。二是加强专业指导。建议教育部加强对家庭教育的指导推动，构建完善家庭教育理论体系，研究开发家庭教育教材，推动家庭教育学科建设，推进中小学幼儿园家长学校建设，推动家校协作育人，加强家庭教育专业人员培养。三是加强家庭服务。建议民政部将家庭建设纳入城乡社区公共服务体系，加强家庭服务需求调研，将服务内容和场地建设纳入城乡社区规划发展，纳入政府购买社会组织服务目录，以社区为平台优化整合公共服务资源，支持社会组织为家庭提供就近就便的服务。

**赵正中（中国家庭教育学会原副会长）**：家庭家教家风看起来是一个单一的家庭问题，做起来是一个复杂的系统工程。建议加快家庭教育立法，完善强化各部门工作联动机制，制定家庭教育指导服务机构标准，宣传媒体始终保持正向舆论引导。将家教家风建设融合到区域发展建设的规划之中，在"学习强国"学习平台开设家教家风专栏，在美丽乡村建设中融入家教家风的要求。

**王新立（教育部基础教育司二级巡视员）**：家庭家教家风工作中要加强对家庭教育工作规划执行后续情况的跟进。建议开展家庭相关研究，加大对家庭结构和家庭教育形式变迁及家庭对个人成长影响力变化的研究力度；对影响家庭教育政策有效实施因素做出系统分析，对涉及家庭教育的诸多主体、个体、实施过程、资源投放做出剖析和界定；推动将家庭教育纳入社会事业发展全局，作为社会治理和公共服务的重要内容，建立健全部门协作、社会参与、家庭尽责的工作机制，研究和探索如何构建家庭教育的有效支撑体系。

陈文华（全国政协委员，江西省新余市副市长）：家庭家教家风建设需要明确责任，需要家庭、政府和社会共同参与和推动。家庭是家教家风建设的主体，父母对子女品德培育应承担主体责任，不可把该责任自由随性地转嫁给祖辈或其他亲戚，更不可一味推向政府和社会。政府是家教家风建设的主推者，应发挥各部门职能作用共同推动。

## 1.2.3 鼓励社会力量积极参与

杭元祥：家庭家教家风建设需要社会服务体系的支撑。建议考虑将家庭教育社会服务纳入公共服务体系之中，逐步解决城乡、东西部在家庭教育社会服务方面不平衡不充分问题。突出关注农村困境儿童家庭教育，加强对留守、流动、贫困、重病、重残儿童的关爱，鼓励支持社会组织和志愿者提供常态化家庭教育支持服务。着力提高家庭教育社会服务专业化水平，加强对家长学校等机构的指导。

胡卫（全国政协委员，中国民办教育协会常务副会长）：建议培育合格社会组织。家庭家教家风类社会组织大都活跃在社区，因此，要立足社区，统筹加以培育发展。首先，要明确发展重点，加快发展生活服务类、公益慈善类和家庭互助类社区社会组织。其次，推动家庭服务、健康服务、养老服务、育幼服务等领域的社区社会组织主动融入城乡社区便民利民服务网络，为社区居民提供多种形式的生活服务。再次，要加强社区社会组织人才培养，着力培养一批热心社区事务、熟悉社会组织运作、具备专业服务能力的社区社会组织负责人和业务骨干，发挥社区社会组织扎根社区、贴近群众的优势，广泛动员社区居民、村民参与社区公共事务和公益事业。

## 1.2.4　地方工作

### 陕西推动机制建设，让家庭教育有高度

陕西省妇联坚持把"立德树人"贯穿家庭教育工作始终，通过狠抓一机制、一团队、一品牌、一网络、一阵地的"五个一"建设，打造妇联家庭教育指导服务体系，推进家教工作专业化、规范化、网络化、社会化、品牌化。

在陕西省委省政府的支持下，省妇联联合省委文明办、省教育厅、省民政厅等9家单位共同制定下发《陕西省家庭教育工作"十三五"规划（2016—2020年）》，并要求各级研究制定本地家庭教育规划。全省各地共成立家庭教育工作协调机构或规划实施领导协

调机构 163 个，初步形成上卜联动、部门协同、合力推进的家庭教育工作格局。为推动规划落实，省妇联牵头建立了全省家庭教育工作联席会议制度，明确成员单位的职责和任务清单，定期召开联席会议。成立了省级规划评估工作领导小组，并于 2018 年底联合成员单位及第三方机构，开展家教工作"十三五"规划中期评估，集中对 20 多个市、县（区）进行评估抽检，形成评估报告。截至 2019 年 4 月，陕西省家教规划实施情况总体良好，5 项总体目标和 19 项重点任务中期目标基本达成。

陕西省加强机制建设，统筹推进家庭家教家风建设

## 1.2.5 实践案例

### 夯实家庭文明建设工作基础

2016 年以来，上海市徐汇区将家庭文明建设工作与"创建全国文明城区"和"加快建成现代化国际大都市一流中心城区"工作紧密结合，按照习近平总书记关于"三个注重"指示的要求，不断完善工作机制、创新活动载体、拓展工作领域，丰富新时代家庭家教家风内涵，营造妇女儿童友好型社会氛围，推动社会主义核心价值观在家庭中落地生根，家庭文明建设呈现出蓬勃生机和活力。

**职责明确，强化工作保障**

区家庭文明建设协调小组由区委常委、宣传部部长担任组长，建立"18+13+303"多层级组织体系，工作网络覆盖了全区涉及家庭文明建设工作的 18 家委办局、13 个街镇及其下属 303 个居民区。

制定《徐汇区家庭文明建设"十三五"工作重点》，明确以"五建五家"为基础的家庭文明建设体系。下发徐文明委〔2016〕17 号《徐汇区关于贯彻落实〈关于深化家庭文明建设的意见〉的指导意见》，将家庭文明建设工作纳入精神文明建设整体格局，纳入创建全国文明城区的中心工作，列入各成员单位的重要议事日程。

积极打造居民身边的家庭文明建设服务点，打通家庭文明建设"最后一公里"。街镇层面建立社区家庭文明建设指导服务中心（以下简称"家中心"），针对社会热点和家庭需求，开展生活服务、学习培训、身心健康、娱乐休闲4大类50多个服务项目。每个"家中心"配备1~2名社工，工作资金100余万元。居民区层面以妇女之家为依托，成立家庭教育指导服务站，因地制宜做好"一站一特色"工作，助推家庭文明建设。

**建设队伍，提升工作水平**

截至2019年5月，有由各成员单位、街镇、居民区、社区学校等488人组成的管理者队伍，341人组成的家庭文明建设巡讲团队伍（2013年成立），15人组成的家庭服务行业妇联执委队伍（2018年成立）。

上海市徐汇区枫林街道"家庭文明建设巡讲团"

以召开工作例会、专题讲座、培训班、实地考察、网络微课等形式，分级分层分类开展指导与培训，提升各个层面家庭文明建设工作人员的能力。编制《2017—2018 徐汇区家庭文明特色案例汇编》，展现徐汇家庭文明建设工作成果，提升工作能级。

依托区社会组织行业妇联、各街镇社会组织联合会等，鼓励社会专业力量参与区家庭文明建设，如承接"家庭教育进社区、进机关、进企业、进园区、进学校"活动，邀请专业心理专家开展近 200 场家庭教育讲座，受众 40000 余人次，有效提升影响力。

# 1.3 完善法律做保障

家庭家教家风建设的核心是家庭教育，涉及党委、政府、学校、家长、未成年人、社会组织等各方主体，权利义务关系复杂。迫切需要制定完善家庭教育相关的法律法规，强化家庭教育中的主体责任，规范各方行为，加强服务与支持。

## 1.3.1 加快家庭教育立法步伐

李颖（全国政协委员，天津市高级人民法院副院长）：推进家庭家教家风建设，不仅需要创新体制机制，更需要通过科学立法、严格执法来提供法律保障和制度支持。建议加快家庭教育立法步伐。我国已颁行义务教育法、职业教育法等法律，确立了学校教育和社会教育的重要地位，但家庭教育缺乏具有基础性地位的基本法来规范，在国民教育和终身教育体系中的重要地位也未得到确立。建议通过专门立法来规范家庭教育问题，将家庭教育纳入法治化的轨道，把培育践行社会主义核心价值观作为家庭教育的核心，明确家庭教育法律地位。

黄绮（全国政协委员，上海外国语大学法学院副教授）：家庭教育需要法制化。《关于指导推进家庭教育的五年规划（2016—2020年）》提出了加快家庭教育的法制化建设，推进家庭教育立法进程。家庭教育权之前是家庭的本源性权利，但子女不只属于家庭和父母，更是国家与民族的未来，因此家庭教育权也不仅是私权利，而且成为社会权，家庭教育应该与学校教育、社会公民教育融合起来成为广义上的社会教育的一部分。由此，家庭教育就有必要在法律限定的框架范围内实施，根据人类与社会的发展，要明确家庭教育的理念，界定家庭教育中教育者与被教育者的法律关系，规范家庭教育的范围，其中包含亲职教育、两性教育、婚姻教育、伦理教育、家庭资源和管理教育等。家庭教育立法的基调是支持家庭发展，而非管制家庭，所以，家庭教育立法要立足于为家庭提供系统、专业、科学的指导和全面充分多元的保障，这就意味着家庭教育立法也包括要明确政府和国家的责任。立法内容更多地体现出倡导性和鼓励性，不宜过多地确定强制性和惩罚性内容。

郑鈜（全国政协委员，致公党四川省委副主委、西华大学副校长）：注重家庭教育和家风建设需要更多强制力的规范推动和约束。

建议加快推进立法。由于地方立法在《立法法》框架内存在一定限制，司法实践中条文被适用的概率较低，建议全国人大常委会加快推进制定家庭教育法。

**李玫瑾（中国人民公安大学教授）**：当前问题家庭的表现有生而不养、养而不教、教而不当等。抓家庭家教家风建设，责任在父母身上，因此希望家庭养育法尽快出台，以明确父母的养育责任。立法还应注意第一抚养人不能抚养的情况，要给予一定的救济措施。在一些贫困地区可以出台特殊的法规，关注遗传和环境这两个问题，对优生优育要有规定，控制无序生育，以养老金来鼓励优生优育。

**朱新力（全国政协委员，民革浙江省副主委，浙江省高级人民法院副院长）**：中国传统文化中的家国思想，将"礼"融于"法"，由"法"致"礼"。推进家庭家教家风建设应注重借鉴和厚植中国古代传统的法治文明。在家庭相关立法的指导思想上，要弘扬"以人为本""仁爱包容""矜老恤幼""宽待妇残"等优良传统，体现法治文明中的人文关怀和法律人本主义精神。将儒家"仁爱"为核心的深厚人本主义精神一以贯之，并渗透在中华法系的思想内涵与立法司法实践活动中，倡导礼法结合、注重教化。在法律文化观念和治国方略上，要坚持以德治国与依法治国相统一，全面贯彻社会主义核心价值观，使法律与道德相互支撑、综合为治。在礼和法的关系上，传统法律文化中"礼法互补""德法兼治"的传统值得借鉴，"礼"指导着法律的制定，侧重于预防，所谓"导民向善"；"法"侧重于惩罚犯罪，所谓"禁人为非"。

## 1.3.2 推动完善相关法律法规

李颖：建议完善未成年人保护法等法律，在未成年人保护法和预防未成年人犯罪法的修订中，增设未成年人实施的不良行为分级干预体系，综合考虑年龄大小、行为性质、社会危害性等因素，予以训诫、专门矫治教育、刑事处罚等不同矫治措施，并建立个人档案，注意跟踪回访；建立侵害未成年人权益案件强制报告制度，规定教育机构、医疗机构、福利机构和救助管理机构及其工作人员，在工作中发现未成年人遭受或者疑似遭受不法侵害的，有义务及时向公安机关报案，从而及时发现、干预、取证，全面维护未成年人合法权益。注重完善亲职教育制度。"问题少年"大多是"问题父母"的产物。引导罪错未成年人的父母学习和掌握科学的家庭教育理念和方法，提升监护能力，可以从根本上改变"养而不教、教而不当"的现状。建议公安、检察、人民法院在侦查、起诉、审判环节，对未成年被告人的监护人是否存在失职行为及失职程度进行评估，教育督促家长履行家庭教育职责。

王悦群（全国政协委员，民革天津市副主委，天津市人民检察院副检察长）：建议完善《未成年人保护法》中未成年人监护制度。我国目前监护人分为父母监护、特定亲属法定监护、亲友意定监护、特定组织监护和国家监护五类。由于缺乏有效监护人监督机制，尽管法律有规定，但实践中却几乎没有监护人因不履行或不适当履行监护责任而被撤销监护资格的案例。因此，法律应当进一步具体界定监护能力的内涵和外延，对侵害未成年人权益的监护人，取消监护人的监护资格。建立健全监护人替代管理制度，设立监护监督人，遇到监护人曾有严重损害未成人权益的行为的、监护人不是被监护人近亲属的、监护涉及重大财产的管理的等情形时，由法院或主管机关任命个人或机构，短期内对未成年人进行针对性的监督，以保护未成年人的合法权益。此外，还应当设立公权力监督机构，当未成年人的合法权益受到侵害时，督促监护人有效行使监护职责，更好地起到保护未成年人的人身、财产及其他合法权益的作用。

周秉建（全国政协委员，财政部离退休干部局原巡视员）：《反家庭暴力法》已经正式实施了，但根据相关机构的调查可以发现，家庭暴力的恶性事件发生率依然较高，《反家庭暴力法》的具体执行效果还有待提高。建议相关部门在制定民法典或修改《反家庭暴力法》时予以完善，并制定配套的实施细则。一是完善家庭暴力的定义。如应对家庭暴力行为进行具体列举，明确精神暴力的具体认定标准等，并将性暴力和经济控制纳入；明确未成年人和老年人暴力的特殊表现形式。二是明确相关部门反家暴的具体职责和内容，并明确多机构联合干预家庭暴力的原则，支持和鼓励专业社会组织介入反家暴工作。三是完善告诫书、人身安全保护令、强制报告、法律援助与庇护等处置机制。四是完善家暴案件的证据制度。应结合家庭暴力的特殊性对证明标准和举证责任进行特别规定，合理分配举证责任；明确保护令与案件审理中的证明标准。五是完善法律责任。加大对严重家庭暴力行为及违反人身安全保护令行为的处罚力度；制定对以暴制暴案件的处理原则。

### 1.3.3 地方工作

#### 陕西围绕推动家庭教育立法开展调研

陕西省在《陕西省家庭教育工作"十三五"规划（2016—2020年）》中明确提出推进家庭教育立法进程，在积极配合全国妇联、教育部做好全国层面家庭教育立法工作的同时，制定完善家庭教育政策措施。陕西省家庭教育立法调研列入2019年省政府立法调研项目。

2019 年 7 月，陕西省妇联和高校专家团队组成调研组，对延安市甘泉县家庭家教家风建设情况进行调研。调研组先后来到甘泉县税务局、县家庭教育指导中心、县第二小学、县初级中学、白耀双书香小院、杨家砭小学，通过现场察看、个别访谈、问卷调查和召开座谈会的形式，深入了解家风馆、家庭教育阵地建设，家长学校心智教育工作及甘泉少年法学院、流动留守儿童关爱工作开展情况。

调研了解到，甘泉县把家庭作为培育和践行社会主义核心价值观的前沿阵地，已建立家长学校 44 个、家庭教育指导中心 1 个、家庭教育指导站 2 个，建立"儿童之家" 6 个和"妇女之家" 71 个。在家庭教育指导中心，专用教室常年开设家教讲堂，开展家庭教育电视系列讲座，校园网开展全校式电视讲座，开通快手直播间，利用微信群、QQ 群讲微课服务家长。甘泉县以"净美夺旗行动"为抓手，寻找"甘泉最美家庭"为主线，征集"好家风""好家规家训""好家书"，举办最美家庭故事分享会，层层挖掘表彰"甘泉最美家庭""文明家庭""孝老敬亲最美家庭""五美庭院"。

调研组建议国家层面尽快出台家庭教育法，与未保法、预防未成年人犯罪法等配套推进，通过制定和完善支持家庭发展的制度体系，运用法治的力量从源头上提升家风家教工作的科学化水平。

## 1.3.4　实践案例

### 强化理论研究，推动家庭公共政策完善

20世纪90年代以来，上海市妇联每年都会根据本市家庭发展中的重大问题，以市政府决策咨询课题、专项委托、家庭文明重点立项课题招投标等方式，与高校、研究机构、专业部门等合作，为上海市的家庭建设提供决策建议。近几年，以《上海家庭教育的新变化与新挑战》《关于完善公共托育服务的政策研究》等研究成果为基础，向"两会"提交的关于家庭教育、儿童福利、社会保障等提议案，为市和全国家庭类公共政策的建立健全提供了参考，为上海市出台《关于促进和加强本市3岁以下幼儿托育服务工作的指导意见》等本市托育"1+2"文件打下了重要的基础。

2009年，上海在全国率先制定了《上海市0—18岁家庭教育指导内容大纲》；2010年，协助全国妇联等部门完成了《全国家庭教育指导大纲》的研究和制定；编撰了《家庭教育指导手册》（0～3岁、4～6岁版）（小学卷和中学卷），给出家长分年龄段、有重点、重实用的指导。此外，还汇编出版了《上海家庭建设23载》《上海家庭文化建设蓝皮书（2012）》《家庭公共政策蓝皮书》《春风化雨

润申城：上海家庭文化发展 40 年》等书籍，具有操作性和前瞻性，为上海市的家庭建设创新发展指明了方向。出版了社区托育课程方案指导手册、活动指引、观察记录，为托育从业人员提供了参考。编制了《创建上海市示范性家政服务站指导手册》，开展了家政服务地方性立法调研，完成了 8 个行业标准和 68 项服务项目的操作规范，为上海市家庭服务业的长效发展奠定了基础。

上海市出版家庭家教家风建设相关书籍

加强国际国内交流，对标家庭建设最高标准最好水平。连续举办 11 届上海市"为了孩子"国际论坛，邀请多个国家和地区及国内各省市专家、代表聚焦家庭问题展开研讨，呼吁全社会共同为儿童的健康成长创造良好的环境，研讨成果汇编入《家庭教育与儿童发展》《上海市学习型家庭创建：理论与实践》等 10 本"东方家庭"系列丛书，面向社会公开发行。依托上海市家庭教育研究会，定期举办各类家庭建设的研讨，如苏、浙、沪、皖长三角家庭文化建设理论与实践研讨会及"家庭教育与社会治理""家庭教育需求研究与实践创新""家庭教育指导服务体系建设"等专题研讨会等。每年委托国内外专业团队举办上海市家庭教育指导者培训班，分析上海市目前家庭教育的现状、问题和挑战，演绎家庭教育的基本原理、实用技能和先进方法，帮助全市家庭教育一线指导者提高专业素养。

# 第二编　家庭教育打基础

　　加强家庭家教家风建设，关键是要做好家庭教育。家庭教育是终身教育，是学校教育和社会教育的基础。做好家庭教育工作，需要以提高家长能力为重点，持续发力，久久为功，形成政府、学校、家庭、社会协调配合的工作格局。

# 2.1　科学认识家庭教育

开展家庭教育工作要有系统观念，将家庭教育工作放在整个教育体系中去建设，形成家庭教育、学校教育、社会教育互为促进、相辅相成的良好局面。建立全面的家庭教育网络，树立符合时代要求的家庭教育理念，培养德智体美劳全面发展的时代新人。

## 2.1.1　建立"三教结合"的教育体系

朱永新（全国政协常委、副秘书长，民进中央专职副主席）：习近平总书记在全国教育大会上指出，办好教育事业，家庭、学校、政府、社会都有责任。作为教育事业的重要组成部分，家庭教育同样需要这四股力量共同推进。但是，从调查来看，这四个方面远远没有形成合力，家庭教育没有真正纳入我国的现代教育体系之中，家庭教育、学校教育、社会教育"三张皮"的问题不同程度存在。我建议：第一，理顺家庭、学校、政府、社会的责任体系，积极形成政府主导、部门协调、学校主体、家庭尽责、社会参与的"五位一体"现代教育制度。明确教育部门的责任和牵头作用，教育行政部门要对家庭教育的全过程（0~18岁）和全领域全面负责。第二，要把家庭教育（以及社会教育）纳入教育整体发展战略。第三，要把家庭教育纳入教育行政基本职能，建立专业部门，配备专门的工作人员（目前教育部只是在基础教育司的德育处兼管家庭教育）。第四，在政府教育经费预算中列有家庭教育专项经费。第五，把家庭教育工作纳入对区域政府和教育行政部门的评估指标体系。

在此基础之上，完善"三教结合"的微观基本运行机制。教育（学校）、妇联、民政、财政、文明办、卫健委、扶贫办等多部门围绕各自职能，建立针对特定儿童群体的教育常态工作内容、方式、组织、管理。在"三教结合"的教育体系中，强化学校主体作用是基础和关键。要依托学校开展科学系统的父母成长教育，在高中和大学开设亲职教育与家庭教育课程，实现父母学校在中小学和幼儿园的全覆盖。要完善家校沟通和教师家访制度，加强学校与学生家庭的有效联系，引导家庭教育与学校教育在理念、内容、方法和策略上有机衔接。要引导父母参与学校民主办学和管理，建立家庭和学校、父母和教师相互信任和相互支持的长效机制。要将家庭教育和家校合作共育纳入师范院校专业教学，开设儿童发展和家庭教育专业，纳入教师继续教育内容体系。

裴援平（全国政协常委，港澳台侨委员会副主任，国务院侨办原主任、党组成员）：国民素质教育需要注重家庭家教家风建设，家庭教育、学校教育、社会教育三位一体、缺一不可。孩子在成长的不同阶段，受家庭、学校和社会教育影响程度依次递增。家庭教育应该在小时候，从源头上教导孩子的行为举止、文明礼貌、品质道德，而不是违背未成年人的成长规律，用超越阶段或孩子无法理解的知识性内容充斥头脑，错失基本人格教育的最佳时期，造成后期教育矫正的困难。需要聚焦主要矛盾和突出问题所在，先从"扣好人生第一粒扣子"着手，重点研究以适宜方式，从孩童时起，家庭、幼儿园、学校和社会共同努力，加强文明礼貌、习惯道德等做人的基本教育，为更高阶段的三观等教育打好基础。

黄丽云（全国政协常委，云南省德宏州政协主席、州委常委、统战部部长）：家庭家教家风建设绝不仅仅是家庭的事，还是全社会都应共同努力的事，要把家庭家教家风建设好，家庭教育、学校教育和社会环境这三者是联动缺一不可的。父母是孩子的启蒙老师，父母的言传身教对孩子建立正确的人生观、世界观、价值观非常重要；学校关于中华传统美德的教育对孩子的健康成长起着至关重要的作用，因为我国接受教育最重要的途径除了家庭就是学校，所以特别是义务教育阶段应加强中华传统美德教育，需要在全社会努力营造弘扬中华优秀传统文化、传播正能量的浓厚氛围。

潘江雪（上海市政协委员，上海真爱梦想公益基金会理事长）：做好家庭教育，一是家庭教育要与学校联动，结合基金会等社会组织的力量，发挥街镇政府、学校、企业、社会公益组织及社区志愿者的共同合力，形成专业性的社区教育空间。广泛激发社会力量，达成优质全人教育的共识，由政府引领，基金会与高校一起进行倡导和内容指导，形成家庭教育和家长辅导的课程内容，孵化家庭教育的专业化团队。二是政府引领，开放家庭教育的政策支持和服务采购。学校教育中要增加社会服务的学分，纳入考核。同时，让寒暑假的社会服务真正落实，真学习，真服务。鼓励活跃在社区的公益机构，接纳学生的社会服务和慈善参与。三是政府各部门协同，推动学校教育评估向全人教育方向发展。推动教育主管部门尽早推出核心素养的课程内容、评估标准，并建立教育考核指标体系。在全社会进行宣传，并开设学校内的家长学校，让家长充分参与孩子的教育，特别是品格和社会服务教育。

## 2.1.2　普及科学的家庭教育理念

夏涵（中华女子学院儿童发展与教育学院教授）：建议多种方式

推进家庭教育。一是要加强家庭教育宣传方面的监管，积极倡导科学的家庭教育理念。在信息化时代，各种未经认证的家庭教育信息以"专家"之名涌向公众，众说纷纭，家长如果没有判断力，就分不清哪个是正确的、哪个是错误的，在认识上就容易出现混乱。建议借鉴国外经验，政府建立婴幼儿教育研究中心等官方网站，发布科学权威信息。二是政府和机构要帮助家长树立正确的家庭教育理念，并引导家长实施科学的教育行为。家庭教育最重要的三项内容包括：促进孩子的身心健康和全面发展，让孩子增长生活本领，帮助家庭成员建立良好关系。但不少家长觉得只要学习好就行，这就需要对家长进行家庭教育价值观的正确引导。三是强化家庭教育指导服务，进行科学有效的指导。家庭教育指导应尽早开始，实施婚前和孕期家庭教育指导，从心理准备、夫妻关系、育儿知识等方面做出引导。创造和谐亲密的家庭关系，让孩子未来成长受益。四是更新家庭教育从业者的教育理念，推动家庭教育从业者的专业化发展。在高校设立社会工作专业、家庭教育专业，加强专业人才培养。五是一定要特别关注农村家长、城市流动儿童家长，希望政府在政策上予以支持，开展针对农村家长的素质提升专项活动，开展普惠性的家庭教育服务支持。

陆士桢（中国青年政治学院教授）：要从文化治国和社会治理的

角度米提升对家教家风工作重要性的认识，明确家庭教育指导的核心是提升家长素质，家庭教育指导的理念要把握两个关键词——教育观和儿童观，摒弃功利性的"抢跑"和塑造，注重对儿童的情感教育，建立充满爱、有原则、有意义的家庭。建议宣传普及正确的儿童观，着力提升家长教育观念素养，关注留守儿童亲情互动。

顾凯宪（上海 12355 青春在线青少年公共服务中心专家委员会委员）：当代家庭有一些教育误区，比如家长过于关注学习和成绩，忽视了孩子的人格教育和培养，其中包括解决问题的能力、情绪控制能力、人际交往能力。独生子女成为家长后非常焦虑，现在的小学生、初中生、高中生家长很多是 75 后、80 后，对孩子的教育问题非常上心，但是他们的从众心较强，虚荣心较重，有些不懂得教育应该因人而异，因而特别焦虑。他们在教育孩子方面，集合了一家三代的财力物力人力，每天接送陪读，参加各种培训，假期还要去国外游学，孩子享受着全家最好的待遇，但是父母可能不懂得最好的教育是身教，最好的亲子关系培养是有质量的陪伴和引导。有些家长会以工作忙为由，尤其是父亲，经常缺席孩子的成长陪伴，这对孩子的全面成长不利。隔代教养带来隐忧，参与隔代教养的老人有两种心态：一是完成任务心态，勉为其难，教育孩子时小心翼翼，会对孩子的好奇探索无意识地压制，只希望孩子安安静静不要闯祸；

第二种是补偿心态，代替儿女行使父母的职责，过度参与教育，反而把父母边缘化了，在教养上往往会过度宠溺，理念比较陈旧。

贺定一（全国政协委员，港澳台侨委员会副主任，澳门妇女联合总会会长）：随着手机的普及，以及网络时代资讯爆炸性增长，传统家庭教育模式迎来多方面挑战。网络等资讯技术正在改变着我们的生活、工作及思维方式，敏感好奇、易于接受新生事物的青少年一代更是首先受到其影响。在网络时代，家长要摒弃陈旧的教育观念，多学习、多了解、多实践，了解现代青少年儿童的潮流，培养和他们的"共同语言"，努力建立起良好的亲子关系，和子女一同学习一同成长，给孩子讲好人生第一课，帮助孩子扣好人生第一粒扣子，让网络成为亲子的助力而不是阻力。

### 2.1.3　地方工作

#### 上海构建家庭教育工作三级联动机制

上海市完善"两个纳入+三级联动"组织管理机制，形成家校工作合力。2017 年，上海市发布了《关于进一步加强家庭教育工作的实施意见》，将家庭教育工作长远目标与近期实施目标紧密结合，从强化家长在家庭教育中的主体责任、构建家庭教育指导的服务体系、形成家庭教育的社会支持网络三个方面，明确了深化家庭教育工作的主要任务。

同时，制定了《上海市中长期教育改革和发展规划纲要（2010—2020年）》《上海市学校德育"十三五"规划》，将家庭教育工作纳入教育发展总体规划，整合各方力量，构建了家庭教育工作三级联动机制。在市级层面，建立上海市教育系统家庭教育指导领导小组，具体负责全市中小学、幼儿园家庭教育指导工作的组织和管理，明确各部门开展和支持家庭教育的责任清单，形成了既各司其职、各尽其能，又统筹协作、密切配合的家庭教育工作管理模式。在区级和校级层面，相应建立由相关负责人、专家学者、家长代表、社区代表共同参与，专兼职人员相结合的家庭教育指导核心团队。

此外，上海市还建立家庭教育评价工作机制，将家校协同育人纳入《上海市对区县政府加强未成年人思想道德建设工作督导评估指标》之中，激发各区政府主动作为并有所作为，推动形成政府主导、部门协作、学校组织、家长参与、社会支持的家庭教育工作格局。制定《上海市家庭教育示范校评估参考指标》和《区家庭教育研究和指导中心建设标准》《社区家庭教育示范指导站点标准》。2017年启动家庭教育示范校评审工作，2019年已有200多所中小学、幼儿园成为市家庭教育示范校。

在家庭教育专业人才培养方面，2018 年启动"上海市学校家庭教育骨干教师"培训，每年 2 期。编制出版中小幼分学段共四册《教师家庭教育指导实务》，将家庭教育指导纳入班主任培训、班主任基本功大赛内容之中，每年坚持开展"师爱在家庭中闪光"优秀家庭教育指导者、家庭教育百件好事的评选表彰活动，并在《东方教育时报》上进行专题报道，充分发挥优秀家庭教育指导者的示范引领作用。在 516 所上海市家庭教育指导实验基地所、实验基地校（园），培养出了一支家庭教育指导者和研究者队伍。

### 2.1.4　实践案例

#### "爱·陪伴"亲子阅读生态系统

上海市杨浦区"爱·陪伴"亲子阅读生态系统以亲子家庭为核心人群，为充分满足其亲子阅读的需求而量身打造了"阵地打造—社区自治—专业团队—绘本资源—线上服务—公益赋能—活动载体"核心服务链，吸引了大量社区年轻家长和祖辈家长，推动了科学育儿理念和知识的传播，形成了政府、企业、社会组织、社会公众多方合作的公益平台。

——精心打造阵地，让阅读成为"悦读"。打造了 29 家社区绘本馆试点开馆，为广大社区家庭就近提供优质的绘本阅读场所，并以"亲子阅读+"模式，将父母学堂、亲子阅读、亲子创意美术、亲子运动等受社区家庭欢迎的家庭教育服务送到基层。

——发挥社区自治能量，故事妈妈聚集人气。积极发挥公益妈妈力量，成立故事妈妈队伍，仅区级层面已培育 50 多名故事妈妈，推出"小故事，大道理"亲子阅读公益课程。大力开展亲子社群建设，并在已建立的亲子阅读群里开展线上家长培训，提供亲子服务信息，做到精准服务。

——创新借力，联手专业团队提升父母育儿理念。区妇儿中心与"宝宝树"、壹家绘本馆等第三方专业服务机构合作开发设计了亲子阅读指导课程送入绘本馆和社区，这近百场课程从认知能力、习惯养成、社会情感、逻辑思维等方面系统培养父母在亲子伴读中应该掌握的技巧和能力。

——凝聚社会力量，丰富绘本资源。与区少儿图书馆合作，将下架绘本充实进社区绘本馆，截至 2019 年 5 月，已有 1300 本图书被送到社区；发动企业、个人和组织向杨浦区社区绘本馆捐赠了价值 48300 元绘本和 3000 多册图书送到社区；联手杨浦区融媒体中心、达达集团等打造"爱·陪伴——童绘杨浦绘本漂流公益项目"，形成政府、企业、社会组织、社会公众多方合作募集绘本的亲子家庭阅读服务创新平台。

——举办亲子阅读大赛，让孩子收获成就感与自信心。自 2018 年，杨浦区妇联、区妇儿中心举办的亲子嘉年华和亲子阅读大赛成为杨浦每年传统亲子家庭大型活动，让亲子阅读有了更大的展示平台。2019 年 3 月至 6 月举办的"智绘陪伴·让爱不凡"第一届亲子阅读大赛，近 500 户家庭报名，亲子嘉年华和阅读大赛决赛吸引了 500 多组家庭 2000 多人观摩。

上海市杨浦区"爱·陪伴"亲子阅读生态系统（左）和
亲子阅读大赛决赛（右）

# 2.2 以学校教育支持家庭教育

学校教育与家庭教育相辅相成、相互促进。学校教育占据了孩子绝大部分的时间和精力,其价值导向直接影响了孩子的价值观、行为模式和发展潜力。学校教育需要为家庭教育提供良好的基础和充足的空间,形成以学校教育支持家庭教育,学校与家庭共同培养的工作合力。

## 2.2.1 推进学校教育改革

袁雯(全国政协委员,致公党上海市委副主委,上海开放大学校长):教育专家们呼吁把孩子从单一重视分数、应试教育中学业负担过重、低效的知识填充式学习方式中解放出来。《中国教育现代化2035》提出推进教育现代化,更加注重以德为先、全面发展、面向人人、终身学习、因材施教、知行合一、融合发展、共建共享八个基本理念,这些理念贯穿于学校教育,将成为转变家庭教育理念的强大推力。

一是加快各级各类教育考试招生制度改革，完善面向人人、因材施教的基本制度设计。学校减负，家长增负。家长眼里分数至高无上，原因在于现阶段分数很有用，甚至是唯一有用的。注重均衡公平的义务教育入学方式改革已经全面铺开，普通高中改革意见明确提出要破解"唯分数论"，今年职业教育扩招也在探索更符合求学者特点的文化课和综合素质考评方式。建议教育主管部门在切实缓解升学压力上出实招：（1）在高等教育的部分应用型本科、高职院校实施"宽进严出"的选拔方式和教育教学新秩序，用"宽进"包容学习者学习兴趣，用"严出"实现质量控制；（2）提高主要劳动年龄人口平均受教育年限，建议重新研究高中普职升学比例，尊重学习者学习意愿，给予学习者选择的机会。

二是加快教学模式、方法的改革，提高知识学习的有效性。有报道显示，我国中小学生平均每天学习时间"领跑"全球。这不仅从客观上挤占了家庭教育时间，也反映了以应试为导向的重复训练导致的低效率。教育主管部门应加快制定可推广的新型教学方式、组织模式规范和实施手册，尽快完成教师队伍培训；以更具体的举措落实"更加注重知行合一"的理念，避免知行不一的教育沦为工具和敲门砖。

顾凯宪：要重新审视教育这个话题，教育的最终目标是德智体美劳全面发展，但是现在家长和部分学校都蜂拥着挤在知识获取这一条路上，比例严重失衡，家长和学校需要好好思考，如何把培养孩子健全的人格、阳光的心态、独立自主的能力与知识学习有机结合起来。

贺岭峰（上海体育学院心理学教授、博导，12355 青春在线青少年公共服务中心专家志愿者）：中国孩子的学习逐渐演变成一种低效的学习模式。最典型的变化就是大量增加考试课程学习和课后作业时间，学生学习时间太长。我国在 2015 年国际 PISA 测验成绩排名中已下滑 10 名，但同时我国学生平均每周学习时间比排名相同的芬兰学生多 20 小时。我们需要救救孩子，着眼社会未来需求和世界发展大势，增加教育前瞻性和高效性，提升我国青少年国际竞争力。

董强（全国政协委员，中国船舶工业集团有限公司原党组书记、董事长）：学校教育应该在幼儿至高中各阶段，根据学生智力和思想发展的具体水平，增加德育教育的内容和系统课程，特别是增加各类先进模范人物事迹和优秀传统文化教育的内容。

高佩璇（全国政协委员，香港信业纺织有限公司董事长）：年轻父母忙于工作，带孩子的时间严重不足，平时最关心孩子们在学校的成绩和表现。而孩子们除了学校学科学习之外，课外还要上琴棋书画等课程。大人小孩都没有时间，建议学校与家庭合力做好家风教育，在学校开设优良家风学习课程，学习社会主义核心价值观及《弟子规》《三字经》等。

## 2.2.2 加强家庭教育学科建设

袁雯：加大学校教育支撑服务家庭教育的力度，提高家庭教育的专业化程度。2019 年 5 月，《全国家庭教育指导大纲（修订）》印发，建议教育主管部门：（1）将家庭教育视同如基础教育、职业教育、高等教育等的一种教育门类，加快布局，在高校加强相关专业建设，建立专门研究基地；（2）为大学生开设婚姻家庭通识课程；（3）牵头建立网上家长学校，普及有利于孩子持续发展的家庭教育理念，为家长提供问题导向式课程资源。

戴秀英（全国政协委员，农工党宁夏回族自治区委员会主委）：应在高校普及家教家风课程，大学处于学校教育的顶层，要求教师立德树人，以渊博的知识培养人、以科学的方法引导人、以完善的人格教化人，这种言传身教、润物无声的大学教育必须与家教家风教育相得益彰，才能联手共同完成人才培养使命。在高等教育大众化的今天，大学生就是未来家教家风的执行者，其家教家风的素质提升水平关乎今后社会的教育成效。每年我国都有八九百万毕业生就业创业，也会成为"准父母"。在这一大背景下，建议教育部在高校普及家教家风课程，将其纳入高校素质教育体系中，通过家教家风理论研究和实践教学提高大学生整体家庭教育素养水平，有效提升我国未来的教育质量和国民综合素质。

康丽颖（首都师范大学教育学院教授）：目前家庭教育人才需求旺盛，需要理论研究支持。当前大多数高校本科没有开设家庭教育专业，硕士和博士人才培养也很少，理论研究滞后，建议高校加强家庭教育人才培养和理论建设。

常信民（全国政协委员，中央军委纪委驻某部纪检组原组长）：一是要重视传统文化的启蒙教育。现在针对小学生的各种课外班很多，但很少有传统文化、古诗词课外班。孩子的可塑性很强，传统文化教育要从娃娃抓起，可在小学开一些传统文化课和革命前辈英雄故事课，从小就把"德"树起来。二是要在高中和大学适当开一些家庭家教家风建设方面的课程。现在有些地方的离婚率比较高，夫妻关系紧张会分散管教孩子的精力，也不利于孩子的健康成长，从初始抓起，可能会收到更好的效果。

## 2.2.3　地方工作

### 山东完善协作机制，家校协同育人

山东省教育厅认真贯彻落实习近平总书记关于"注重家庭家教家风建设"系列重要讲话精神，以党的十九大精神和全国教育大会精神为指导，完善机制、创新载体，在推进学校家庭教育方面取得了一定成效。山东省也被教育部列为全国两个省级家庭教育实验区之一。

**完善协作推进机制**

2016年，印发《山东省家庭教育实验区实验方案》，指导17市教育部门联合有关政府部门和社会团体建立协同推进机制，设立市、县、校（幼儿园）25747名三级家庭教育协调员，将家庭教育工作纳入对各市的教育发展督导考核评估，初步探索建立了政府统筹、部门协作、社区参与、学校主导、家庭主体的家庭教育工作机制。

**强化家校协同育人**

发挥家长群体作为学校教育的同盟军作用，加强家校沟通协作。自2009年起在全国率先启动实施了家长委员会建设，并制定出台了设置管理办法和工作评估标准，在广大中小学校（幼儿园）全面设立家长委员会，鼓励家长委员会在章程指导下与学校广泛开展共育活动。

**加强家长教育引导**

编制了《山东省中小学（幼儿园）家长学校课程指南》，在中小学（幼儿园）设立家长学校（课堂）23989 个，覆盖率达90.78%。依托省教科院、省教育学会和有关高校，成立了省家庭教育专业委员会和专家指导委员会，各市均设立研究指导中心，建立家庭教育工作指导服务体系。创建了"山东家庭教育"微信公众号，正在着手建设山东家长网上学校，构建立体化服务平台，教育引导家长形成科学的育儿观和成才观。

《山东省家庭教育实验区实验方案》（左）和
《山东省中小学（幼儿园）家长学校课程指南》（右）

### 推动队伍建设和科学研究

推动家庭教育志愿者队伍建设，全省各级发展家庭教育志愿者190639名。加强专业队伍建设，全省各级建立由教师、专家学者、优秀家长、社会机构专业人员参与的家庭教育骨干队伍16148支。加强家庭教育教师培训，列入培训计划，全省各级年培训参与人数达15万人次以上。2018年，启动实施乡村学校家庭教育万名种子教师培育计划，为每一所乡村学校（幼儿园）培训一名家庭教育骨干教师。16个市设立家庭教育研究指导中心，鼓励各中小学校（幼儿园）结合实际开展研究、实践，2017—2018年，全省各级立项家庭教育课题3329个，其中列为市级课题940个，列入省级课题522个。发挥典型示范引领作用，结合教育部国家实验区建设，2017年联合省妇联命名省级家庭教育实验示范基地649处，省教科院遴选展示家庭教育优秀微课例1013个，形成了基层创新、实践的良好氛围。

## 2.2.4 实践案例

### 家校共育多君子

山东省济宁学院第二附属小学地处"孔孟之乡"山东省曲阜市，传承"孔母迁居阙里""孟母三迁"重视家庭教育的传统，开展家校合作，促进家长成为学校教育的协助者、参与者和建设者，努力达到学校教育接力家庭教育，家庭教育配合学校教育，实现家庭教育与学校教育的启蒙性与后续性、一贯性与阶段性、血缘性与业缘性、针对性与规模性、灵活性与模式性、实践性与智能性、无序性与系统性、盲目性与科学性的内在统一，家校形成育人合力。

## 构建三级家委会系统

建立家委会工作职责和家长激励制度。第一级是校级家委会。学校每个月向校级家委会汇报近一个月重大工作情况，说明下一阶段学校工作计划，让家长了解学校，参与到学校的民主管理当中，在必要环节给予支持和帮助。第二级是年级家委会。开展不同的君子教育活动、研学及综合社会实践活动。第三级是班级家委会。让班主任学会与家委会协作，协调班级内部矛盾，带着孩子们一起参与社会实践活动。通过老师、家长的双方沟通，家长和老师在育人的过程中凝聚在一起。

## 建立"菁莪园家友会"

学校在家长中选出理念先进、教子得法、实绩突出、学有所长的家长成立"菁莪园家友会"，作为家长学校中的讲师团。其中周六"论语课堂"由家友会中的国学讲师任课。

山东省济宁学院第二附属小学聘任"菁莪园家友会"成员

### 设立"校园关委会"

学校在祖辈中选出老干部、老军人、老教授、老学者、老艺术家成立"校园关委会"，是全国首家校园中的关委会。这些老同志热情高、负责任、有智慧，关心学生成长，积极参与学校活动，是学校的智囊团。

### 建设孔子学堂

建立孔子学堂传统家风体验馆，开展传统文化家庭教育公益教育，培养有中国心、民族魂、文化根和创新力的少年君子，培育"四有"好老师和有文化滋养的家长，以做到"身在鲁源多君子，地接尼山近圣人"。

山东省济宁学院第二附属小学孔子学堂开展传统文化家庭教育

# 2.3　发挥家长在家庭教育中的主体作用

家庭教育的责任主体是家长，家长对孩子的品德教育、人格塑造起基础性作用。要引导家长重视家庭教育，提高自身素质，提升教育能力，以优质的家庭教育建设良好家风，促进孩子健康成长。

## 2.3.1　引导家长积极开展家庭教育

*邱奉运（山东省曲阜市杏坛中学语文教师）*：家庭教育十分重要，家长责无旁贷。可现实却是我们广大家长几乎全是"无证上岗"，凭"经验"，依"传统"，甚至靠"拍脑门"，想当然地养育孩子。家长的进步跟不上孩子的成长，家长的学习赶不上孩子的需要，许多家长感到心有余而力不足。我们要让家长朋友认识到：好孩子是教出来的，好习惯是养出来的，好沟通是听出来的，好成就是做出来的，好家长也是学出来的。只有家长好好学习，孩子才能天天进步。虚心学习，学以致用是好途径；随孩子共同学习，陪孩子一

起成长，是做好家庭教育的好方法。

霍启刚（全国政协委员，霍英东集团副总裁）：家庭是社会的基本细胞，是人生的第一所学校。我们做父母，要重视孩子的教育，从小开始培养孩子的良好品德，在孩子成长的每一个关键阶段都能给予孩子关键性帮助。年轻的父母，要互敬互爱，在孩子面前树立榜样，让孩子真正感受到家庭的幸福和温暖，从而自小培养孩子的自信与乐观。在教育孩子方面，父母之间有商有量，亲力亲为，让孩子真切地感受到父母的爱。

## 2.3.2　全面提升家长家庭教育能力

颜明［全国政协委员，民盟陕西省副主委，西安立丰企业发展投资（集团）有限公司董事长］：家庭是孩子的第一课堂，家长是孩子的首任老师，家长和孩子具有天然的生理和精神纽带，所以"立德树人、性格塑造"主要依赖家教、家风潜移默化，这一点学校教育无法替代。但是谁来培训家长？这是当下教育困境之一。要求由学校来培训家长不现实，无法普及；依赖市场机构培训家长容易跑偏，监管困难；家长自愿接受培训意愿不高。建议成立家长学校，办好家教培训：一是仿照国外先进经验，成立社区家长学校。学校由财政拨款保障运行，由民政部门负责监督管理。二是家长学校旨在向家长传授科学生养、家庭教育、避险救护、常用法律等知识。先从鼓励引导，逐渐过渡到立法强制，从监护人必须依法履行监护义务入手，要求家长参加培训课程，实现家长依法、科学教育子女。三是考虑到我国目前儿童庇护所尚未普及，家长学校也可兼有防范虐待儿童，提供儿童紧急保护、监护的补充职能，保障儿童基本权益。

**过建春**（全国政协委员，海南师范大学副校长）：建议办好各地家长学校，加强对家长的培训教育，为孩子成长提供更好的家风家教环境。近年来，我国越来越重视家庭教育、良好家风养成。2015年教育部下发《关于加强家庭教育工作的指导意见》，2016年印发《关于指导推进家庭教育的五年规划（2016—2020年）》。但这些文件大都是指导性的，缺乏强制性的实施要求，也还未形成系统化、全覆盖的保障体系，政策落实过程中区域发展不平衡现象还比较突出。我国各地家庭条件千差万别，家长素质参差不齐，导致儿童的成长环境和所受教育也参差不齐，从而影响了我国儿童的整体素质提升。

因此，建议加强落实和规范各地家长学校建设，并将家长学校建设作为我国各地国民教育中的一个重要组成部分纳入政绩考核范畴。各地可根据人口的分布情况，以社区或村镇为依托，建立独立的社区（村镇）家长学校或在已有的学校中增设家长学校的职能，配备专门的家长培训教师，有针对性地开展家庭教育研究，并根据不同城市、农村地区家长素质的具体情况开发专门的线上线下家长培训教材，将所有的儿童监护人、抚养者都纳为家长学校的培训教育对象，通过线上线下等方式加强对家长的培训教育，以提升家长的综合素质，促进良好家教家风的形成。

*刘慕仁*（全国政协常委，广西壮族自治区政协副主席，民盟自治区主委）：家庭家教家风建设的关键是家长。目前，很多家长缺乏关于家庭家教家风建设的知识和技能，夫妻之间不善于沟通，不善于处理与老人和其他家庭成员的关系，不善于教育孩子，不善于处理邻里关系等。造成这种现状的因素很多，其中一个重要原因是，我们的各种教育没有很好地传授家庭家教家风建设的知识和技能。因此，要改进我们的教育内容，应更多地注重家庭家教家风的知识和技能教育，以家风促进社风建设。我国自古以来就有注重家庭家教家风建设的优良传统，这也是中华优秀传统文化的重要内容，建议在社会主义核心价值观的指导下，系统总结提炼。

*贺岭峰*：建议开展家长教育时，做好改革开放后创新创业精神的家族代际传承，把改革开放40多年来的中国精神、中国故事通过家族故事传承下去；加强学校、社区、行业、网络的家庭社会心理

支持系统建设，针对 70 后、80 后、90 后家长，打造网络家教平台。

于丹（北京师范大学教授）：习近平总书记多次提出过底线思维，我们要引导家长抓好家庭的底线教育。现在有的家风呈现门风坍塌的状况，使家庭教育来不及做锦上添花的事情，迫切要做雪中送炭的底线教育。很多社会公德事件跟家庭教育有关系，在家里就不讲道理，以自我为中心，家教底线缺失，因此底线思维应该提上议事日程。21 世纪好的学习有通行的标准：好的学习导致行为的改变。我们需要通过好的家教导致行为改变，要让家家户户都因为底线思维而改变行为。建议每家每户定出家庭底线思维的三条规矩，在网上进行评选，将排名前三的作为家规共识在全国推行。例如，不允许撒谎，做到坦诚相见；传承敬老尊老的传统美德；做家务活，将"事洒扫"与知礼节、知进退联系起来。

### 2.3.3 发挥好母亲在家庭教育中的重要作用

沈德咏：母亲是儿童第一位人生导师。家教家风建设从娃娃抓起，根本上要从青年母亲抓起。建议全国妇联推进一项青年母亲培训工程，教育引导年轻一代母亲养育好自己的孩子，并同孩子一起成长。

诺敏（全国政协委员，北京市石景山区八角社区卫生服务中心主任助理）：在我国，家庭中女性多担任着持家理财、孕育后代、教育子嗣、赡养老人等多重重任，正是由于女性在家庭中特殊的作用和地位，使得在家风传承中，女性的作用无可替代。女性在处理家庭关系中扮演着重要的角色，孩子正是在各种家庭关系中学会如何与他人相处；女性是良好家庭环境重要的营造者，慈祥的母亲、贤惠的妻子，往往为家庭营造了温暖、和睦的氛围，而良好的家庭氛围对孩子是无声的教育，是孩子健康成长的土壤；女性还是家庭文化有力的传承者，孩子是通过接触母亲及其他长者，影响自身的思想情趣、道德观念、言谈举止。家风建设有赖于所有家庭成员的努力，而母亲传承家风的作用无可替代，"注重家风"尤其应当注重女性自身道德素养的提升。

**段青英（全国政协委员，农工党山东省委主委，济南市政协副主席）**：建议做好母亲素质提升工作，一是家校结合，上好母亲素养课。以家庭和学校为连接点，做好各阶段母亲素质培养和家风培养。精心编制课程，设立母亲素质培养假，确保其按时参加学习。推动名师下基层和母子共培模式，推动优质文化普及进基层，带动优良家风母子传承。拓展交流互动模式，打造母亲素质培养新空间。二是多措并举，形成建设合力。建立政府与社会组织合作机制，以"互联网+"为推手，以"妇女之家""国（儒）学课堂""道德讲堂"为平台，推动"母亲素质和家风培养提升工程"全媒体宣传和网格化建设；抓典型、树品牌，将母亲素质提升作为精神文明建设的重要组成部分，设立专项奖励，强化示范带动，形成良好氛围。

李玫瑾：呼吁给予母亲养育时间。养育有三个台阶——情感、性格、能力。情感和性格要做在智力发育之前，否则一个人智商很高，但他情感或性格有问题，危害更大。情感的培育需要父母亲自一对一稳定养育，0~3岁决定人一生的人性起点，母亲的稳定养育非常重要，国家应该给予母亲养育孩子支持政策和补贴。对家长进行教育非常重要，要引导家长认识家庭的重要性，科学处理亲子关系。

### 2.3.4 强化特殊家庭家长教育支持服务

王美华（全国政协委员，上海建工集团股份有限公司副总工程师）：近年来，我国的离婚率持续走高，从过去的谈"离婚"色变，到现在"离婚没什么大不了的"，人们的婚姻观正在发生变化。高离婚率带来的是单亲家庭越来越多，单亲家庭或多或少会给子女特别是未成年子女带来一些情感上的伤害。建议多关注单亲家庭家教家风建设，最大限度地保护未成年人利益。

张丽莉（全国政协委员，黑龙江省残联副主席）：建议教育部门开设特殊儿童家长课堂。残疾儿童相对普通儿童来讲，存在一定的特殊性，而大多数家长自身的知识储备及更新相对不足，对残疾孩子所需的正常家庭教育无法"对症下药"，更无法应对特殊儿童在家庭中出现的特殊问题，使得一部分特殊儿童及其家庭出现各种不同的问题。迫切需要各部门、社会各方面对特殊儿童的家庭教育进行指导，根据特殊儿童的年龄、残疾类型、性格特点等方面制定培训内容，可围绕培养孩子的自信心、责任心和主动学习的意识，提升孩子的社会融入度、改善亲子关系，在家庭内如何有效开展特殊儿童的康复等方面入手，并征求特殊儿童及其家长意见，使家长培训更具有指导性和实效性，让家长及时了解和掌握特殊儿童不同年龄段的表现和成长特点，有信心地"对症下药"，提高家庭教育的质量，最终让特殊儿童及其家长真切感受并理解"家庭不只是人们身体的住处，更是人们心灵的归宿"。

## 2.3.5　地方工作

### 上海建立家长学校服务网络

上海市教育部门和妇联共同推进家长学校建设。教育部门构建"1+16+X"家庭教育指导服务网络，即"1"个上海市家庭教育研究和指导中心，"16"个区家庭教育研究和指导中心，"X"个线上线下家长学校，每个街道、社区（村）家庭教育指导服务站点。在线上推广"上海女性"官微引入的涉及 0~6 岁、小学、中学孩子，祖辈课堂，特殊儿童家庭的家庭教育微视频和音频课程，播放总量达到 20 多万人次。宝山、虹口、奉贤等区面向全区推广"家长慕课"，浦东新区设立了"空中父母课堂"。依托"东方教育时报""上海学校心理"等官微平台，推送家庭教育指导优质资源，截至 2018 年底，共推出了 1060 多条家庭教育指导微信，总阅读量达到 200 多万人次，推出"百名校长谈家庭教育"专栏，刊登了 105 期。联合上海电视台、东方电视台、上海教育电视台等，摄制《家教天地》《超级家长会》《家长学校》《家教金钥匙》《家教面面观》等电视节目。

上海市妇联打造家庭教育指导服务中心，2004 年成立长宁区华阳社区家庭文明建设指导服务中心。2006 年出台《关于推进社区家庭文明建设指导中心的实施意见》，建立"党委领导，政府支持，文明办、民政指导，妇联主管，社工承办，社会参与"的运作模式，成为项目化运作、实事化服务、社会化参与、信息化管理的社会公益性服务平台，其中职责之一是办好社区家长学校，开展家庭教育指导活动。截至 2019 年，全市共有各级"家中心"218 个，配备社区工作者278人。自2014年至今，上海市妇联每年安排1200万元专项经费，围绕妇女儿童家庭需求强烈的痛点难点问题，以购买服务方式推出家庭服务项目，统一配送到全市各街镇、社区和基层单位。

上海市长宁区开展"智慧家庭教育云课堂"项目

## 2.3.6 实践案例

### 为孩子父母学校

"为孩子父母学校"是由上海市长宁区妇联、区法院等单位于1989年共同创办的，旨在对有未成年子女的离婚当事人进行法治、伦理道德和心理教育，引导离婚当事人理性、妥善地处理婚姻问题和孩子的抚养教育问题，倡导婚姻家庭和谐，依法保护未成年人的合法权益。

——以离婚案件当事人为主体开展家庭教育指导。每年"5·15"国际家庭日或"六一"前夕，"为孩子父母学校"举办"护航成长"集中办学，组织全区妇女儿童工作者代表及部分离婚案件当事人参加办学活动。

——围绕婚姻家事审判改革，创新个性化服务指导。2018年，区妇联与区法院未成年人与家事案件综合审判庭签订合作协议，由区妇联购买第三方服务提供专业心理辅导员，为未成年人和家事案件综合审判庭相关案件当事人，尤其是未成年人开展心理、情绪疏导专业服务。

——开展涉法涉诉困境儿童家庭教育指导。通过购买服务，落实专业家庭社工的介入，为涉法涉诉困境儿童提供生活陪伴、成长指引、心理疏导，并引导儿童及其家长（主要监护人，也可能是祖辈）学习并强化他们家庭教育的理念与责任，提升他们家庭教育的水平。

上海市长宁区"为孩子父母学校"进行"开心家园"心理疏导

# 2.4 鼓励社会力量积极参与家庭教育

家庭教育的专业性、实践性和普遍参与性，决定了专业社会力量可以在其中发挥重要作用。政府应该通过购买服务、搭建平台等方式，鼓励社会力量积极走进社区、家庭，参与家庭教育，加强专业性指导，以丰富多彩的活动激发群众参与热情，助力家庭教育蓬勃健康发展。

## 2.4.1 促进社会组织服务家庭教育

解冬（全国政协委员，上海市地方金融监管局局长）：建议将家庭教育工作纳入社区服务体系、纳入政府购买社会组织服务目录。进一步营造良好社会氛围，丰富、创新宣传方式，发挥主流媒体优势，推出家庭伦理、家庭教育、家风文化相关的影视片、系列专题片，推出一批弘扬家庭建设正能量的优秀图书，集中宣传先进家庭典型、讲好家庭故事、常态化开展家教家风社会宣传。

康丽颖：建议在社区建立家庭教育指导咨询室，当前我们准备在北京市通过 2~3 年建 50 个社区的家校社共建咨询室，解决家庭教育"最后一公里"的问题。同时转化研究成果，为政府提供决策参考。我们研究中心正在筹备数据库建设，做指导服务的课程开发，已经出版了四本家校共育手册，涵盖幼儿园、小学、初中、高中，现在正在做家庭教育指导服务的网络课程建设。

朱炜（上海市白玉兰开心家园家庭服务社副社长）：社会组织应该提供家庭关系特别是夫妻关系的指导服务。白玉兰开心家园家庭服务社多年接待婚姻方面心理咨询，并在几个区民政局运用心理学技能开展离婚劝和。从婚姻调解服务中积累的离婚数据（2018 年）来看，80 后成离婚"主力军"，有低龄化趋势，离婚的主要原因包括缺乏科学的两性关系经营之道、无法脱离原生家庭等。建议在每一个离婚登记处设立专业劝和窗口，给予辅导和缓冲；在结婚登记处开辟婚姻训练营课程，学习经营婚姻之道；在家长学校增设以"和谐良好的夫妻关系对孩子成长重要性"为主题的心理学课程；运用项目化方法在社区开展婚姻家庭方面（和谐夫妻关系、婆媳相处之道、隔代教养艺术等）的主题讲座和宣传，增强整个社会和家庭各成员对建立良好家庭关系的意识和能力。

## 2.4.2 搭建平台汇集各方力量

**王丽萍** [全国政协委员，上海电影（集团）有限公司编剧]：
上海市长宁区华阳社区家庭文明建设指导服务中心成立于 2004 年 12
月，是上海市第一家社群"家中心"。"家中心"的组织架构是"4+
1"，这个"4"是指 4 个职能组，即家庭文明指导组、家庭教育指导
组、家庭文化指导组、家庭维权指导组，"1"是指志愿者工作部。
"家中心"积极探索政府扶持、专业协同、志愿参与的运作模式。妇
联把"家中心"实体阵地与社区文化中心、社区志愿者服务中心、
社区社会组织服务中心融合在一起，实现阵地共享，合力培育"家
中心"的服务品牌。在经费上不是简单地给钱，而是通过政府购买
服务的方式由"家中心"来承接家庭文明、家庭教育、家庭文化等
项目。同时"家中心"还做好专业协同工作，他们与社会组织加强
互联，加强与专业性社会组织的互补，引入专业力量，既应对落实
妇联的工作，又时刻倾听居民的需求。

目前华阳社区的志愿者达到了 1.5 万人，上海市共有"家中心"
组织 218 个，配备工作人员 278 名。"家中心"作为妇联孵化和培育
的社会组织，有其独特的优势，但也面临着一些挑战，比如自筹资
金问题，服务的专业性有待提高问题，人员的流动性问题。

因此，我们建议：第一，"家中心"不光是妇联的事，也是全社会的事，不应该单打独斗，应该发挥各级组织部门的能量，形成合力，共同推进，做大、做优、做实；第二，"注重家庭家教家风建设"应该成为社区广大家庭的共识，牢牢抓住家庭这个关键，运用丰富的宣传方式，让家家户户都有"家庭家教家风建设从我做起"的参与感；第三，我们要培养优秀的志愿者队伍，尤其要求志愿者不仅仅有热情，更有专业的素养，让服务更到位，从而提升"家中心"的服务专业化水平。

### 2.4.3　地方工作

#### 上海社会力量活跃在"家中心"

上海市政府购买家庭教育服务，妇联打造家庭教育指导服务中心，民政局培育家庭服务社会组织，社会力量活跃在"家中心"，开展家庭教育服务。自 2014 年至 2019 年，上海市每年安排 1200 万元专项经费，市妇联围绕妇女儿童家庭需求强烈的痛点难点问题，以购买服务方式推出家庭服务项目，统一配送到全市各街镇、社区和基层单位。

2004 年，上海成立第一家社区家庭文明建设指导服务中心。

2006 年，上海市妇联会同市文明办、市民政局等联合下发《关于推进社区家庭文明建设指导中心的实施意见》。上海市妇联将"家中心"定位为项目化运作、实事化服务、社会化参与、信息化管理的社会公益性服务平台，开展寻找最美家庭、创建文明家庭等活动；办好社区家长学校，开展家庭教育指导活动；根据辖区内居民的实际需求，创设具有妇联特色、家庭受益、群众欢迎的家庭服务项目。

上海市民政局注册登记了一些社会组织，在社区参与活动，有的参与反家暴服务，比如，上海心翼家庭社工师事务所连续多年承接市、区两级妇联购买服务，为妇女儿童提供反家暴服务；有的参与困境儿童保障，比如，徐汇区 2014 年登记成立了区儿童福利指导服务中心，连续五年运行"童乐汇"品牌项目，建立困境儿童分类

上海市金山区"鑫之家"家庭教育讲师团成立，活跃在"家中心"

管理数据库，在做好困境儿童基本生活保障工作基础上，建立各街道镇困境儿童干预机制；有的提供婚姻调解、危机干预等专业服务，2019年3月1日，上海市首个区婚姻家庭危机干预中心在徐汇区正式成立；有的参与老年人权益保障工作。2017—2019年三年间参与市妇联服务家庭类的社会组织达152家。

### 2.4.4　实践案例

#### 徐汇区枫林街道家庭文明建设指导服务中心

枫林街道家庭文明建设指导服务中心（以下简称"家中心"）是2006年按照上海市妇联针对当前形势下"社区党建全覆盖、社区建设实体化、社区管理网格化"的工作需要，为了更好地发挥妇联组织自身独特优势，使妇联组织能切实地承担起指导、推进社区家庭文明建设和家庭教育指导等责任而建立的。中心运作模式为党委领导，政府支持，文明办、民政指导，妇联主管，社工承办，社会参与。

"家中心"主要活动项目：

1. 品牌项目——家庭文明建设巡讲团。枫林街道一直秉承"寻找、培育、扩大、提升、持久"的工作思路，开展寻找"最美家庭"

工作，自 2012 年成立了由退休的局、处级干部、社区志愿者 5 人组成枫林街道家庭文明建设巡讲团。7 年来，中心组织巡讲团成员先后到 5 个块区向居民宣讲尊老爱幼、邻里和谐、家庭和睦等事迹 70 余次。

上海市徐汇区枫林街道家庭文明建设巡讲团自编自演的小品《回家》

2. 与社区单位联动，开展丰富的亲子活动。利用党建平台，发挥科研资源优势，联手社区 13 家单位举办"小社区大世界、小朋友大梦想——枫林街道社区共建亲子夏令营"活动。

3. 结合工作重点，提供社区家庭教育指导。自 2017 年以来，在社区单位、中小学、幼儿园内开展"树立科学家教 涵育时代家风"的家庭教育指导活动，为社区内 1000 余户家庭普及家庭心理健康知识，帮助父母掌握行之有效的引导孩子的方式。

4. 关注身心需求，提供弱势妇女儿童帮困救助。每年结合元旦、春节、"8·18 帮困助学活动"等开展对社区内困难妇女、三八红旗手、困境儿童家庭情况进行摸排汇总更新，并利用节假日开展走访慰问。促成更多辖区单位与困境儿童进行帮扶结对，让困境儿童可以健康快乐地学习和成长。

# 第三编　弘扬文化树家风

　　家风是一个家庭的精神内核，也是一个社会的价值缩影。以中华优秀传统文化为底蕴，以红色文化为基因，以社会主义核心价值观为载体，建设新时代优良家风，对坚定文化自信，推动形成良好社会风气具有重要意义。

# 3.1　传承中华优秀传统文化立家训

中华优秀传统文化积淀着中华民族最深沉的精神追求，是中华民族生生不息、发展壮大的丰厚滋养。传承中华优秀传统文化，有必要以培育优良家风为载体，并将传统文化与当代社会深度融合，用优良家风蕴含的传统美德指导和规范人们的思想行为，让中华优秀传统文化在当今时代充分发挥独特价值和作用，让人们在践行优良家风中加深对中华优秀传统文化的认识和了解，增强文化认同，树立文化自信。

## 3.1.1　中华传统文化中的优良家风

张兴赢（全国政协委员，国家卫星气象中心卫星气象研究所所长）：一个民族能延续几千年，历经劫难而屹立不倒，必有其深厚的文化传统、强大的精神支柱。凝聚着中华民族共同价值观和行为准则的中华优秀传统文化，是中华民族绵延几千年的血脉精神。而以孔子、孟子为代表的儒学核心思想和文化正是中华民族传统文化的源头和精华：温良恭俭让，仁义礼智信，忠孝廉耻勇。"天下之本在国，国之本在家，家之本在身。"

于丹：在中国人的概念里，最大的家庭资产就是家教和门风。中国自古以来是一个"家邦"社会，过去中国的风俗里就有家族的伦理规矩，过去说张家村、李家店、赵家祠堂等，一个村的人都同姓，他们的孩子做错了事，去跪祖宗祠堂，觉得没有脸面见祖先。很多祠堂里是有家训的，即使是寒门，也说自己是有门风的。什么是真正的家教门风？首要的就是要明辨是非，要知好歹。过去农民守着古训，孩子不知好歹、伤天害理要跪在祖宗牌位前挨板子。那时候很多人不能识文断字，但是却通情达理，大多数人的家教和门风都是教孩子厚道做人，勤俭持家，守着农民的本分，不能辱没祖先，这是基本的家风，也是家庭教育的基础。今天，这些优良家风也需要传承，要教育孩子做一个明辨是非的人。

吕忠梅（全国政协常委、社会和法制委员会驻会副主任）：下面分享一位友人对族谱的理解。

1. 族谱是历史，世系记录，是家史，也是国史；是中华史，也是人民史。

2. 族谱是文化，记录恩荣兴衰，表达迁徙沿革。物始源流家，精神兴发群，升华民族同理心。

3. 族谱是地理，宅里故居犹记，祠堂宗庙高悬日月，门头墓冢雕刻风物。一草一木，当年今日耐借鉴。

4. 族谱是风尚，国有史，郡有志，族有谱，家有风。族规祖训，嘉言美德。

5. 族谱是人脉，血脉有传承，人生有代谢。一代一代，我是谁，从哪里来；一宗一宗，左右上下归依在。人情在世故来，一根血脉让你平生热爱。

6. 族谱是语言。序言系优美记录，楹联是顺承音乐，条例带巧妙节奏，伦理涵内在韵律。千百年有真爱，一声呼唤爱国如家最开怀。

### 3.1.2　将优秀传统文化融入新时代好家风

**王学典**（全国政协常委，山东大学讲席教授）：家风不仅对每个家庭意义重大，亦关系到一个国家的民风、社风与国风。新时代的家风，至少应包括如下四个方面。

一是孝老爱亲。"孝亲，事之本也。"中国古人极为重视"孝"，视之为百善之先。在家国同构的理念下，"孝"更是被上升为一种治国之道，即"以孝治天下"。历代家训、家风，都将"孝"放到一个非常高的地位上。鉴于传统孝道的重要性与今天孝道式微的现实，当下的家风建设，要将孝亲敬老摆在首要地位，将其作为现代家风发展的基石。

二是睦邻友群。家庭并非独立的存在，而是存在于邻里、社区的相互交往之中。因此，如何处理好邻里关系，历来是家风建设的一个重要内容。《论语》曰："里仁为美。"在对待邻里关系上，古人认为最重要的原则是"与人为善"。邻里关系和睦融洽，不仅是社会和谐的重要体现，亦关系到社会治理，连接着公共文明风尚。今天，随着城市化进程的快速推进，传统乡邻关系受到了极大冲击，和睦邻里、融洽群体关系理应是家风建设的重要内容。

三是守诚敦礼。诚信是人类社会普遍的道德要求，是社会存续发展的重要基石，所谓"诚信者，天下之结也"。若诚信缺失，则危害极大。敦礼，实质在于遵守秩序与准则。我国自古为礼仪之邦，无论在家庭、社会还是政治生活中，都有一套具体而微的礼仪规范与行为准则，所谓"礼，经国家，定社稷，序民人，利后嗣"。今天，诚信缺失、不讲规则现象时有发生，守诚敦礼应成为家风建设的一个重要方面。

四是报国奉公。报国奉公即要心怀国家、忠于职责，其实质是一种浓厚的家国天下情怀，历史上无数仁人志士为我们做出了伟大表率，"位卑未敢忘忧国""天下兴亡，匹夫有责""毁家纾难"，等等。个人命运与国家命运紧密相连，心怀国家、恪尽职守是每一个人的职责所在。故在传统的家风、家训中，多有对家国意识、责任意识的强调。今天，我们进入了国家发展的新时代，在家风建设中，心怀国家、恪尽职守理应是其中的一项重要内容。

周伟江（全国政协委员，中国航天科技集团十一院研究员）：一是加强对传统文化中家风家规家训的研究，把古人好的家规家训家风作为优秀传统文化的重要组成部分，在全社会进行传承和大力推广。二是在中小学语文教科书中，加入优秀传统文化的内容，包括"百善孝为先"等家教家风方面的内容，让孩子们从小熟悉这些优秀传统文化，进而慢慢认同这些文化，使得家庭教育能够取得更好的效果。三是要用各种大家喜闻乐见的文艺形式，在电视网络上大力宣传包括好的家规家训在内的优秀传统文化。尤其是政府电视台，要代表政府做好优秀文化和正能量的代言人，不能泛娱乐化。四是把家教家规家训等优秀传统文化作为各级党校和干部培训学校的重要学习内容，家教家风建设需要从各级领导，尤其是党员领导干部做起，做出表率带头作用，带出风清气正的社会风气，从而形成里外一致的家庭教育环境，使家庭教育更加有成效。

吴杰庄（全国政协委员，香港青年联会主席，高锋集团董事局主席）：建立良好的家教家风是我国自古以来的优良传统，建议要重视优秀传统思想文化资源的发掘和转化，把家风家教看成一种重要的文化遗产加以保护和发掘，在全国逐步建立起家教家风的文化研究体系。同时，要重点培育与现代社会相适应的公民道德，以家教家风为切入点弘扬社会主义核心价值观，发挥各类先进家庭典型的引领示范作用，抓好培育公民德行和成人、家长教育，不断建立完善家教家风宣传的长效、联动机制。

**孔令绍**（山东省曲阜市鲁城街道大成社区居民）：孔子的"诗礼庭训"经过一代又一代孔子后人的凝聚和传承，形成了"诗礼传家"的孔氏家风。我的高祖孔宪珍拟定了一套严格的家训，一直发挥着很好的约束和教化作用，形成了家风，对家人有着直接的影响。我5岁时，父亲就去世了，母亲对我姐弟几个说："人要有冻死迎风站的骨气，没有过不去的火焰山。"母亲弥留之际对我说："要记住老实忠厚修子孙，尖酸刻薄损后人。"母亲刻骨铭心的教诲让我受益终生。我在祖传家训的基础上拟订了新家训：

忠厚传家，修身养性。诗书继世，文化传承。

恪守信义，坦荡真诚。勤劳忍让，大度包容。

居身简朴，清正廉明。孝敬老人，善待孩童。

夫妻和睦，兄友弟恭。邻里友善，扶弱济穷。

敬畏法制，践行文明。自强自立，于国忠诚。

遵我族训，振我家声。

我经常给孙子写家信传承家风，用正确的家庭教育，走进孩子的心里，让他在快乐中成长，从小做起，从小事做起，为孩子堵上走向邪恶的通道，从而塑造起健全的人格。

杨菊华（中国人民大学教授，全国妇联家庭和儿童工作部兼职副部长）：家教是家风传承的载体，家风要通过家教家规家训来传扬。目前顶层高度重视家风建设，但是家庭对传承和弘扬优良家风的主动性欠缺，亟须加强引领。在家庭教育中，家长对家庭教育的认识和理解有偏差和不足，缺少方法和提升的渠道。在家庭文化建设中，家庭的自觉性不够，专业人才队伍缺乏。建议推动优良家风故事进课堂、进课本或作为必要课外读物，利用微信传播优良家风，通过农村家长学校向祖辈普及科学的教育方法。

杨毅周（全国政协委员，全国台联副会长）：当务之急是组织力量编写一本"中国家训读本"的小册子，收集古今中外优秀的家训名篇名句名人名事，为现代中国家庭建立良好的家教家风提供范本。家训手册可以编为各个阶段版本，如幼儿园、小学、中学、大学，这样更有针对性。这个小册子最好是免费发放，最好是每家都有一本，学校也可以此为依据进行讲解。

　　*葛慧君（全国政协委员，浙江省政协主席）*：家风是沉淀在我们骨髓里的品格，是我们立世做人的风范。随着经济社会发展，宗族式家庭结构已经瓦解，父训式家风传承日趋弱化，多元化价值理念不断碰撞，怎样把好家风传承下去，我觉得弘扬家训文化依然重要，一条好的家训依然是一户家庭乃至一个家族的"传家宝"。具体来说，一是要倡导立起来。根据家庭情况，编写能弘扬传统美德、贴近家庭生活实际的家训，把立的过程作为育家风、传家风的过程。二是要推动亮出来。把家训制作成匾额、戒条等样式，挂在厅堂。三是要着力传下去。利用节假日家人团聚之机，唠唠家常，说说家风，在子女成人成婚、就学就业等人生重要时刻，把家训制作成卡片、锦囊郑重馈赠给孩子们。

## 3.1.3　地方工作

### 陕西以家风破题，凝聚崇德向善强大力量

　　陕西省民间古家规家训久远流传，有着深厚的传统家庭道德文化积淀和家风美德传承。陕西省妇联从弘扬优良家风文化入手，通过扎实开展两个家庭文明创建活动（"五好家庭"创建活动和寻找"最美家庭"活动）、建设两个家庭文明阵地（家风馆阵地和五美庭

院阵地），让好家风润三秦，凝聚起千万陕西家庭崇德向善的强大力量。

一是"五好"创建让家风建设有标准。自 20 世纪 50 年代以来，陕西省妇联组织以"五好家庭"创建为抓手，因地制宜开展了一系列的家庭文明创建活动，让"五好"标准不断与时俱进，家庭创优活动更加丰富多彩，如学习型家庭创建，让翰墨书香成为三秦家庭和谐幸福的重要元素；绿色家庭创建引导家庭树立环保意识，涌现出了牛玉琴家庭、王志兰家庭等全国有影响的典型。据不完全统计，全省各级妇联组织累计表彰各类"五好家庭"130 余万户，评选好婆婆、好媳妇、好军嫂、优秀母亲等家庭角色 10 万多人。

二是最美家庭让家风弘扬有榜样。从 2014 年起，陕西省妇联率先联合省委宣传部、省委网信办、省委文明办、陕西广播电视台 4 家单位，常态化开展寻找"三秦最美家庭"活动。活动坚持"四设四不设"，即"妇女之家"要设活动海报、设报名渠道、设大众评审团、设最美光荣榜；对群众家庭不设参与门槛，不设评比标准，不设评选名额，不设家庭类型。截至 2019 年 4 月，全省共寻找各级"最美家庭"174052 户，寻找各类特色"最美家庭"315986 户，培树"三秦最美家庭"570 户，创建省级廉政文化进家庭工作示范点59 个。在寻找"最美家庭"的影响带动下，全省家庭中有的成立党员小组，有的自建家风馆，一批"三秦最美家庭"被新华社、人民日报、中央电视台等媒体关注，实现了"五进五出"目标。

三是家风馆让家风传承有窗口。2016年起，陕西省妇联结合陕西重文重教特点，在充分调研的基础上，确立了以建设家风馆为载体，承古纳新，文明实践，打造家风培育示范体验基地，推进家庭文明建设的创新思路。把家风馆建设纳入陕西省妇女儿童民生项目，从2017年起每年列支200万元，支持全省各地示范家风馆建设。截至2019年4月，陕西省建成并免费开放项目支持家风馆35个，辐射带动各级党委政府及社会组织筹资建设各类家风馆、家风主题公园广场等阵地55个。同时，全省同步建设网上家风馆，并计划5年内让县级家风馆实现全覆盖。家风馆使陕西好家风好家教有了展示的载体和学习的阵地。

四是"五美庭院"让家风培育有土壤。结合建设美丽乡村和美丽秦岭行动，全省各级妇联组织从2017年开始，在全省开展"五美庭院"创建，通过"万户创五美 家园更和美"行动，采取示范先行、整村推进的方式开展"五美庭院"示范创建活动。计划5年内，在全省创建"五美庭院"10000户，逐步让村村户户达"五美"标准，截至2019年4月，已经完成目标数的60%以上。"五美庭院"建设从农村家庭和妇女群众最关心最直接最现实最迫切的点滴需求

陕西省家风馆宣传册

入手，着力在干净饮水、新鲜空气、优美环境、身心健康、家庭和谐等方面创优创美，为广大妇女和家庭创造一个干净整洁、生态宜居的自然田园和美丽家园。通过"五美庭院"建设，较好地引导妇女群众人人参与，分享好家训、传颂好家风。

五是理论研究让家风共享有成果。在开展家庭文明建设中，注重发挥优秀精神文化产品在弘扬优良家风、传承中华美德中的育人化人功能和传播引领作用，组织家庭建设领域的研究人员和文创工作者，深入开展家教家风调研工作，每年形成1~2篇专题调研报告，为党委政府决策提供理论支持；组织专家编发家长学校课本和家庭教育指导手册，制作"科学教子 以德树人"家教知识系列讲座视频等各类学习资料；出版发行了《好家风润三秦》《一封家书》等家风文化书籍，指导拍摄了弘扬好家风主题话剧《过大年》。

## 3.1.4 实践案例

### 中华优秀传统文化融入家风

近年来，山东省曲阜市深入挖掘和阐发优秀传统文化的精神内涵，聚焦家风建设等时代价值，坚持古为今用、推陈出新，探索出极具当地特色的优秀传统文化融入家风的有效路径。

#### 重塑传统经典立家风

2015年起，山东省曲阜市以培养父母和孩子的中华传统文化兴趣为出发点和落脚点，以"诵国学、唱国学、舞国学、演国学"为载体，将国学教育融入家庭教育之中。挂牌建立"母子传承国学"

培训基地，通过教师下基层和母子集中培训两种不同的培训方式，带动母子传承国学活动的推广。截至 2019 年 4 月，曲阜市已建立起 7 支 300 多人的母子传承国学队伍。

各镇街创新推出共读国学、家庭情景剧、诵读、快板、三句半等形式来传承优良家风，编排出《爸爸妈妈谢谢你》《游子吟》《论语》《弟子规》《百善孝为先》等节目，这种可以唱、可以舞、可以演的全新国学传承方式，吸引了越来越多的家庭参与。4 年来，共开展活动 200 余场次，受益群众超过 13000 人。曲阜市出台《曲阜市家校共育实施方案》，在教师队伍中颂扬中华优秀传统文化。通过市文明办、市妇联等单位举办"弘扬传统文化涵养优良家风"现场会、"圣城传古韵·经典润人生"等弘扬传统文化成果展演，掀起诵经

山东省曲阜市"母子传承国学"活动下乡

典、品占韵、传家风的热潮。

## 寻找"最美家庭"

组织开展"孔子故里最美家庭""孝亲敬老最美家庭""教子有方最美家庭""最美孝德家庭""最美书香家庭"等评选活动。秉承"儒学让百姓更幸福"主题,开展"邻里和谐宴",在各村居举办邻里摊煎饼、"和为贵"自助餐、共同包水饺、"我做一个拿手菜"等活动,在连续5年的时间里共举办邻里和谐宴446场,吸引了5.2万人参加。

## 征集好家规好家训

从2016年开始,曲阜市开展了孔子故里好家风"十个一""树清廉家风·创最美家庭"等系列活动,收到4000多个家庭书写的3000余条家规家训格言、450余篇家风小故事、180余封亲情感恩家信家书、200余幅优秀书画作品等,编制了《孔子故里好家风作品选》2册,把一批征集到的优秀家规家训、亲笔家书、书画作品等进行整理刊登。邀请楹联协会的专家与文明卫生示范户代表座谈,总结提炼出各家独特的楹联内容,统一制作后悬挂于示范户大门上。组织书法家走进农村,引导农村家庭总结提炼各自的家规家训,现场写家训送家训,连续5年为济宁市级文明卫生示范户送去装裱的家风家训1300余幅,带动更多的农村家庭传承家风家训。

《孔子故里好家风作品选》

# 3.2　践行社会主义核心价值观塑新风

社会主义核心价值观是当代中国精神的集中体现，凝结着全体人民共同的价值追求。家庭是培育和践行社会主义核心价值观的重要载体，要把社会主义核心价值观作为行为准则，通过生活化场景、日常化活动、具体化载体，融入家庭生活，用群众喜闻乐见的语言和形式为人们所传递、实践。并通过在社会活动、家庭生活中反复实践，在家庭中代代传承，产生强大的生命力，在传家风、立家训中筑牢责任意识、担当精神，在正家风、齐家规中砥砺道德追求、理想抱负，使千千万万个家庭成为国家发展、民族进步、社会和谐的重要基点。

## 3.2.1　把社会主义核心价值观融入家风建设

王学坤（全国政协委员，中国青少年研究中心党委书记、主任）：中华民族历史绵延不绝，历朝历代都重视家庭家教家风建设。

家庭兴旺需要优良家风来滋养，优良家风要靠严格细腻的家教来承继。在新时代，注重家庭家教家风建设，首先，要树立优良家风的鲜明导向。优良的家风应该从社会主义核心价值观与中华民族优良美德有机融合中提炼、升华而成，教人明是非、辨善恶、知羞耻，崇尚家国情怀。其次，要开展多种形式的家风教育。推动家风教育进课堂、进干部培训课程。利用好老革命家留给我们的珍贵资源，开展革命后代讲家风活动。传承宗祠族祠好传统，利用宗祠族祠开展家风教育。最后，要大力树典型。大张旗鼓表彰先进，营造良好的社会氛围。探索将家庭建设状况纳入信用体系的机制，给予家风好、家教严、家庭和谐的家庭成员一定的优待。

**穆可发**（全国政协委员）：家风文化是中华传统文化的一大特色，要把家风建设作为社会主义核心价值观建设的重要抓手，发扬中华民族传统家风美德，建设新时代的家风文化，让社会主义核心价值观在家庭中生根，在亲情中升华。

**江利平**（全国政协委员，台盟湖北省主委）：在加强现代家庭家教家风建设时，首先应该进行顶层设计。由有关部门牵头，组织专家学者总结、归纳、提炼出符合新时代需求的新时代家风文化的内涵。其次，通过进社区、进校园，以及利用传统大众传媒或网络新媒体的形式向大众宣传，鼓励大家将新时代家风文化的内涵与自己家庭的实际相结合，形成具有各自家庭特色的家风或家训。最后，对在新时代家风文化建设上成果突出的家庭，可以以社区、工作单位为单位进行奖励，并开展宣传，以起到示范带头作用。

**房建国**（全国政协常委，空军原副政治委员兼政治部主任）：建议传承好发扬好毛泽东等老一辈无产阶级革命家言传身教、倡导建立的红色家风，作为我们加强家庭家教家风建设的重要内容。其内涵包括以下几点。一是以身许党许国、矢志革命理想的家国情怀。毛主席一家为了国家民族牺牲了6位亲人。当年的共和国领袖将帅中很多家庭都为中国革命做出了巨大的牺牲奉献。所以说我们今天的红色江山来之不易。二是热爱人民群众、植根人民群众的朴素品质。过去的太行奶娘、沂蒙母亲，哺育抚养了一大批革命后代。那时候长大的革命后代，与人民群众的感情是天然的、无法割舍的。三是严格自我要求、坚守底线原则的内在操守。无论是毛主席的"三条原则"，还是周总理的"十条家规"，都体现了共产党人严于律己、严于治家、不搞特殊化的本色做法，为我们今天加强家庭家教家风建设做出了表率。

**康丽颖**：梁启超认为，中国人关于私德谈得很多，但公德谈得太少，在历史上很长一段时间内，大家谈一身之德、一家之德、一族之德，但是很少谈一国民之德，在私德领域"独善其身"，少有公德领域的"相善其群"。他重视公德，强调要培育公民道德。社会主义核心价值观倡导的富强、民主、文明、和谐、自由、平等、公正、法治、爱国、敬业、诚信、友善就是社会公德。应该在家庭中弘扬社会主义核心价值观，在中小学德育、家庭的德教中，以私德培育为公德培养打下基础，以公德培养巩固私德的养成，培育全面发展的新人。

### 3.2.2 建立良好家风从青年一代做起

张建云（天津市政协委员，天津家风研究院院长）：社会主义核心价值观就是中国人的大家训。我们的价值观需要像风一样轻松自如地浸润到每个家庭的家教、家训、家规当中，家风才会美好起来，才可以使家庭这个社会细胞健康。新时代的家风，除了传承，还要在青年家庭中重新梳理和树立，确切地说就是要改善和创新家风。譬如，我制定了家庭"五位一体"：一个理念，做一个给别人提供方便而不是制造麻烦的人；二个思考，以责人之心责己，以恕己之心恕人；三个功夫，培育人格、修养性格、锻炼体格；四个行为，立志、读书、做家务、管理时间；五个说话方式，不说消极的、伤人的、背后的坏话，多说鼓励的话，以及小点声，慢点说。我在家庭里制定了"手机四不"原则的家规，即不进卧室，不进厕所，不进书房，不上餐桌。这会使很多家庭受益，对引导孩子正确使用手机有很大的帮助。家规，就是法治的缩影。享受生活，必须遵守规矩。

为赢得年轻人，我结合传统文化，将社会主义核心价值观做成了 600 集的简短的音视频，近年来写了 2000 多篇家风文章，专门针对年轻家庭教子困惑，利用微信群讲家风课，有时会有上万人同时在线，大家都觉得这种普及社会主义核心价值观的方式情理交融，很是喜欢。

于丹：无论是历史经验的总结，还是当下价值观念的建立，民族的永续发展是寄予青年的，青年有什么样的信念，他在当下能够建立什么样的价值观，这是最重要的。通过家庭教育，在家庭中践行社会主义核心价值观，遵循"富强、民主、文明、和谐"这些国家层面的公共价值系统；倡导"自由、平等、公正、法治"这些社会层面的责任；深植"爱国、敬业、诚信、友善"这些民族土壤中生长的具有传统意义的道德价值。用社会主义核心价值观来引导青年，培育理性、有担当、有高度民族文化认同感、有信念的下一代建设者。

### 3.2.3　地方工作

## 山东将社会主义核心价值观融入家庭教育全过程

山东省将培育和践行社会主义核心价值观融入家庭教育全过程，贯彻到课题研究、指导服务、亲子活动等家庭教育各个环节，落实到家风建设的各方面。围绕社会主义核心价值观宣传教育，立足服务党政大局和新时代家庭需求，不断丰富家庭文明建设内涵，开展"五好家庭"评选、寻找"最美家庭"活动，因地制宜开展"美丽庭院""平安家庭""绿色家庭"创建、"书香飘万家"齐鲁家庭读书活动、"家人叮咛促安全"宣传教育、"幸福护航"婚姻家庭辅导服务行动等，山东妇女网、《祝你幸福》杂志和"齐鲁女性"两微一端，以及妇联系统400多个新媒体平台开设家庭家教家风专题专栏，开展事迹展播、家风评议等，以各具特色的文明家庭创建活动，引导广大家庭以德治家、以学兴家、文明立家、忠厚传家，推动社会主义核心价值观在家庭落地生根。

济南市以家庭作为基本单元和载体，推动社会主义核心价值观落细落小落实，通过强化核心价值引导、泉城家风传承、文明家庭创建、先进典型带动和良好氛围营造，积极唱响主旋律、弘扬真善美、凝聚正能量。5 年来，济南市共有 27 户家庭被评为"全国文明家庭""最美家庭"和"五好文明家庭"，涌现出 4 名全国道德模范，116 人荣登"中国好人榜"。2017 年，济南市被评为"全国文明城市"，2018 年获得"全国文明城市"测评第一名。

### 3.2.4 实践案例

## 践行社会主义核心价值观 创建文明家庭

上海市以培育和践行社会主义核心价值观为主线，形成创建工作机制。在《上海市精神文明创建工作标准》中，将家庭文明建设有关内容纳入各个创建项目。比如文明城区、文明村镇、文明社区测评体系中，将开展"三个注重"教育活动细化成具体测评标准，包括家庭教育、文明乡风、家风建设等。对照全国文明家庭评选标准，结合上海市实际，制订了《上海市文明家庭评选标准》，规范了推荐"星级文明户"、寻找"最美家庭"、创建"文明家庭"等 3 个层级架构，细化了 7 大类 51 项指标，形成 10 项内容清单。2018 年 9 月，上海、浙江、江苏和安徽四地文明办，举办长三角全国文明城市（区）文化交流研讨会，围绕弘扬优秀传统文化、推进家庭文明建设开展了交流探讨，签订了首个长三角全国文明城市（区）创建工作备忘录。11 月，三省一市文明办、妇联举办"长三角家庭文化建设理论与实践"研讨会，邀请百名沪苏浙皖的专家学者，聚焦家庭文化建设，交流 40 年来各地成果，从理论和实践层面探讨未来规划。

上海、浙江、江苏和安徽四地文明办，举办长三角全国文明城市（区）
文化交流研讨会

# 3.3　好家风托起好社风

家庭是社会的细胞，好家风塑造了家庭成员好的行为模式和精神状态，每个家庭成员在进行社会活动时，将正能量传导给他人，产生正影响。家家户户的好家风，将托起全社会的好风气。

## 3.3.1　好家风带出清新社会风气

米荣（全国政协委员，首都儿科研究所新生儿内科副主任）：家庭家教家风建设对良好社会风气的营造及社会发展进步的意义至关重要。每个人都有一个赖以生存的家庭，家庭不仅是身体的住所，更是心灵的归宿。所以应注重家风的建设及传承，从这个意义上来说，家就超越了空间上的居所，而是一种精神的牵挂与寄托，是温暖的记忆与梦想启航的地方。家庭应当把弥足珍贵的、会影响孩子一生的精神内涵在潜移默化中传承。

李晓峰（全国政协常委，中央军委政法委员会原书记）：党员领导干部的家风不单纯是个人小事、家庭私事，更关乎党风、折射政风、影响社风、牵引民风，与党和国家的形象、前途、命运紧密联系在一起。从近些年查处的党员领导干部违纪违法问题看，有将近80%的案件牵扯到其配偶、子女或其他亲属，一半以上涉及利用职务上的便利为亲属经营活动谋取利益。加强党员领导干部家风建设任重而道远，必须作为党风廉政建设的重点和引领社风民风好转的关键，紧抓不放、持续用力，保持常态长效。

一是着力构建常态化、全员化的家风教育格局。坚持把家风建设作为党员领导干部的必修课，纳入日常学习和教育培训之中。坚持把配偶子女作为家风教育的"重点人"，将配偶子女纳入教育范畴，借助社会、社区、学校等多方力量，通过多种方式，联合联动教育引导配偶子女自觉涵养家风、吹好正风。坚持把警示教育作为家风建设的重要内容，运用家风不正、家教不严导致违纪违法的典型案例"借锤敲钟"。

二是探索建立多维度、全链路的家庭情况考察评价体系。加强党员领导干部家风建设，需要将家庭情况作为考察考评党员领导干部的重要内容。健全家庭情况报告制度，健全完善包括成年子女和近亲属在内的家庭情况报告制度；建立调查核查机制，探索建立多部门协作调查核实机制；完善干部评价体系，将党员领导干部的家庭家教家风建设情况纳入绩效考评之中。

三是优化完善惩防并举、监管合一的他律机制。拓宽监督渠道，积极构建家庭、单位、社会"三位一体"和本人、家人双向发力的监管体系；创新监管方式，探索建立"八小时以外""单位以外"等常态化监管方式，适时结合组织生活对党员领导干部进行"家访"，到街道社区进行询访，有效完善和推进对党员领导干部家庭家教家风建设的检查监督；严格执纪问责，对家庭家教家风建设存在问题的要及时函询谈话、提醒教育，对利用职权或职务上的影响，搞封妻荫子、敛财牟利的要依法依纪严肃查处。

**魏艺红**（全国政协委员，云南省普洱市政协主席）：建议推动家风建设促进社会风清气正。在党政机关、事业单位、军营部队、企业中推进廉政文化进家庭工作，教育引导广大干部职工把家风建设摆在重要位置，把自己摆进去，带头遵纪守法，严以修身、廉洁齐家，教育管理好身边亲属和家人，以良好家风促进良好政风社风形成，实现"树良好家风、建廉洁家庭、促和谐社会"的目的，营造风清气正的家庭环境和社会氛围。不断加强未成年人思想道德建设工作，在青少年中开展优秀家风经典诵读、征文、演讲比赛活动，引导广大青少年传承践行优良家风。

**林淑仪**（全国政协常委，香港工会联合会会长）：香港竞争文化浓厚，"赢在起跑线"常挂在不少家长口边，家长担忧子女的学术教育、学校注重学术科目的编排和分数、企业老板看重学历，渐成不健康的社会风气，由此忽略了或轻视了对孩子的品德培养。要知道，人生并不是短跑，而是马拉松。我们要完成这场人生马拉松，需要良好的个人素质，以品德和正确价值观作为发展的根基。家庭家教家风建设是支撑着社会和谐稳定、国家繁荣发展和民族进步的中流砥柱。国家发展进入新时代，在经济和社会方面将面对不同转变及挑战。品德教育不仅关系到个人的成败，更关系到民族发展和国家前途，是一场需要我们合力才能跑赢的马拉松。

马珺（全国政协委员，河南财经政法大学教授）：形成正能量的社会风气需要良好的家风支撑，因此抓工作的同时更要抓好家风建设，弘扬优良传统，带头做好家风管理，为提高社会文明、国家和谐程度而不断努力。重视家庭、管理家风、传承美好应该成为我们的一项重要工作，在思想上高度重视，并与社会主义核心价值观保持高度一致。要充分发挥自己的联系和团结作用，影响和感染身边人，共同推动形成爱国爱家、相亲相爱、积极向善的社会主义家庭文明新风尚。

## 3.3.2　地方工作

### 陕西传好家风，以弘扬新时代思想促和谐

近年来，陕西省咸阳市继承和弘扬传统美德，推动形成爱国爱家、相亲相爱、向善向美、共建共享的社会主义家庭文明新风尚。全市各级妇联组织深入开展"注重家庭、注重家教、注重家风"等系列活动，推动社会主义核心价值观在家庭中落地生根。

### 一、强化宣传，营造氛围

陕西省咸阳市充分利用《咸阳女性》杂志、咸阳市妇女网等媒体大力宣传寻找"最美家庭"活动。在公交车、出租车上发布活动宣传标语，在市区主要繁华路段、机场、机关单位的电子屏上大力宣传，广泛开展"五好家庭""书香家庭""廉洁家庭""绿色家庭""五美庭院"的宣传活动。印发寻找咸阳"最美家庭"的宣传彩页、宣传画和宣传倡议书，组织专家编印《家庭礼仪手册》《咸阳家训集锦》和《咸阳优秀家风故事选编》，使每个村、社区的宣传栏都唱响好家风好家教。在咸阳妇女网和新浪网开辟家庭教育专栏，宣传"最美家庭"感人故事，征集家训家规，及时传播"最美家庭"活动品牌和感人事迹，增强寻找咸阳"最美家庭"活动的影响力和感

召力，使更多的城乡妇女和家庭参与到"好家教好家风"活动中来。

二、组织活动，晒出家风

以"传承家庭美德树立良好家风"为主题，开展"圆梦铸魂倡三风"活动、"好妈好爸好家风"活动，向省妇联推荐的呼秀珍、成莉娟两位好妈妈荣获陕西省"传承好家风的好妈好爸"荣誉称号。组织举办"最美家庭""五美示范庭院"等评选表彰，以及"家庭才艺大赛"、集体婚礼等倡导文明新风系列活动。组织开展了"传家风、议家训、颂美德"优秀家风家训征集评选活动。开通了呼秀珍老师家庭教育热线，形成了多层次、立体式的宣传格局，营造了良好的舆论氛围，在全市形成爱家爱国的文明新风尚。

三、多措并举，传递文明

一是家风馆集聚好家风。咸阳市淳化县家风馆已经开馆，接待周边群众，长武县、三原县家风馆也陆续开馆。全市各级妇联组织以"妇女之家""家风馆"为平台，鼓励妇女群众议家风、谈家规、讲故事、晒幸福，畅谈家庭和谐文明，引导广大妇女和家庭传承美好家风，做和谐文明家庭的创造者。二是精彩图片展示社会和谐。积极组织各类家庭建设图片展等活动，引导广大妇女和家庭传承美好家风，践行美好家训，做积极向上、文明高尚好家风的建设者。承办"梦想启航——中国好家庭好家风巡讲"咸阳巡讲活动，在古都咸阳传播崇德向善、文明和谐的文化正能量。三是主题宣讲促进精神文明建设。积极开展"百万巾帼大宣讲""家庭教育大讲堂"百姓宣讲活动，进机关进社区，进学校进乡村，广泛宣传好家庭好家风。各县市区因地制宜积极开展"传承优良家风、弘扬社会新风"讲座及宣扬婚俗新风等专题活动，积极弘扬好家庭好家风好家教，促进社会和谐文明发展。

陕西省韩城市党家村揭晓季度"三秦最美家庭"

### 3.3.3　实践案例

领头人武书记

山东省曲阜市小雪街道武家村村支部书记武波带领全村做好家

庭家教家风建设工作，以好的家风支撑好的村风，营造家风淳、民风正、社会和谐的武家村。武波将家风家训作为每个家庭的灵魂、教育后人的法宝，在村里的每个家庭培育好家教家风，教育引导后人走正道、行善事，做正人君子，做合格的守法公民。武家村共有17个姓氏，每个姓氏都有自己的家训。武家村根据老家训，每户按自家的情况又制定了新的家训，现在已在村内部分片区推行客厅内悬挂家训，通过这种方式，使每个家庭更加和谐温馨。

武家村非常注重家教，家庭教育从孩子抓起，学习中华优秀传统文化，树立崇高的民族信仰。武波坚信，少年强，青年强，则中国强；人民有信仰，国家有力量，民族才有希望。武家村定期请家庭教育专家、教授给家长讲课，指导家长更好地教育下一代。武波说，只有家长好好学习，孩子才能天天向上，教育孩子从小要有一颗上进之心、感恩之心，将来才能更好地回报社会、报效祖国。

为更好地推动家庭家教家风建设，武家村特别注重发挥妇女的作用。武家村每年评选一次"好媳妇""好婆婆"及"文明卫生示范户"。对"好媳妇"的评选，"村两委"订了三个硬条件：其一，外来媳妇进了婆家门，从来没和公婆红过脸，吵过嘴；其二，一直保持和公婆在一块吃住，并且公婆必须住正房；其三，一定要搞好邻里关系，和周边邻居和睦相处，并能得到一致好评。符合这三个

山东省曲阜市小雪街道武家村文化大院（上）、
乡村记忆馆（下左）及新时代文明实践站（下右）

条件的才能有参选的资格，否则不能作为候选人。通过这种活动，能更好地带动周边，让更多人学习借鉴，让所有老年人都有一种幸福感和知足感。2018 年春节前，让所有被评选出来的"好媳妇"带上自己的公婆，参加交流茶话会，要求"好媳妇"当着公婆的面，把自己平时怎么做的当众说出来。有一位婆婆说在六月份，自己突然得病，浑身不舒服，老伴和儿子都在外地打工，只有儿媳在本市上班，她慌忙给儿媳打了个电话，说自己难受不舒服，儿媳听说后马上请假，从十几公里外的单位往家赶，因心急骑车太快，在拐弯处不慎摔倒，她扶起车，不顾浑身疼痛继续往家赶，到家把婆婆送到医院后才发现自己的胳膊被摔破了一大块皮。当时婆婆边说边哭，整个会场的人都被感动。武家村里有广场舞队、腰鼓队、太极拳队、徒步队、曲艺组等很多文艺团体，妇女们通过这些活动来交流沟通，她们在一起就像亲姐妹，全村都洋溢着幸福和谐的气氛。

# 第四编　基层治理开新局

　　家庭是社会的细胞，是基层社会治理的重要基础，家庭家教家风建设在推进基层社会治理中具有重要作用。加强和创新基层社会治理，应以家庭家教家风建设为重要抓手，充分发挥其涵养道德、厚植文化、润泽心灵的德治作用，从而推动营造良好社会风尚、维护社会和谐安定。

# 4.1 基层"领头雁"带领兴万家

要充分发挥基层党组织的重要领导作用，发挥党员干部的先锋模范作用，夯实基层开展家庭家教家风建设的基础，助力推进基层社会治理创新。

## 4.1.1 发挥基层党组织领导作用

胡卫：中国历来重视家庭建设和家庭赖以存在的基层生态治理，主张家庭、社会共生共赢，具有"耕读传家"和"乡绅治理"等文化传统。我们应当汲取传统文化的合理养分，并结合新时代特征加以创新和发展，以更好地推进社会基层治理，这既要强化基层党组织的领导作用，也要发挥村（居）民的自治功能。完善以村委会和居委会为主体的基层治理，引导居民治理理性发展，推动"民约村规"建设和公序良俗的养成。要大力鼓励社会公益机构和志愿者组织走进社区，构建起科学、健康的社会生态链。

李掖平（全国政协委员，山东师范大学新闻与传媒学院教授）：要发挥基层社区负责人"领头雁"的作用。众所周知，倡导优良的家风建设，家长的表率作用非常关键，而基层社区管理负责人作为社区这个大家庭的家长，其思想品质与综合能力至关重要。因为无论是制定精准到位的社区管理措施，还是抓好社区的家庭家教家风建设，或是树立社区清正廉洁的政务规范，或是建设社区和谐亲善诚信互助的文明风尚，或是实现家风与民风、家风与政风、家风和社风的良性互动，都离不开基层管理者清白做人、踏实干事、不谋私利、敬畏法纪、以身作则的模范带头作用。正所谓"启事在教诲，成事在榜样"，榜样的力量是无穷的。

调研中发现济南市槐荫区一个社区的主任就称得上是一位乐于吃苦、率先垂范、廉洁勤政的"好当家"。自她担任社区管理负责人以来，一手抓党风党建、基层治理、社风习俗、环境卫生这些大事要事，一手抓社区居民从夏季防暑到冬季取暖、从婆媳相处到红白喜丧的日常生活小事琐事，真正做到了"两手抓两手硬"。本着无私奉献的精神和强烈的责任感，她从小事入手，从小事做起，将社区里每户家庭的基本情况都记在心间。谁家当家人下岗了，谁家孩子患病住院了，谁家老人无人照料了，谁家夫妻俩闹矛盾了，她都第一时间掌握情况，并及时赶到群众家中或慰问或安抚或帮忙或调解。

调研时她带我们走访了一户困难家庭，这户人家父亲病逝，年过半百的母亲带着两个残疾儿女靠低保金生活。我们走进去发现，家里虽然较贫寒但很干净，这位母亲性格也较乐观。唠家常时，这位母亲告诉我们，社区主任跑前跑后帮她申请了一套住房，社区给了她家从生活物资到精神疏解许多帮助，邻居们也纷纷伸出援手，这才让她没有被困难压垮，还报名当了社区义工，将爱心献给其他需要帮助的人。正是在这位好社区主任的带领下，"家和万事兴"与"睦邻乐相处"已成这一社区广大居民的思想共识和行为准则，社区的各项工作都走在前列，先后获得"基层党建工作先进单位""优秀乡镇（街道）党（工）委书记""济南市文明社区"等多项表彰。

## 4.1.2 发挥党员干部模范先锋作用

黄晓薇：建议发挥党员干部在弘扬好家风中的示范带头作用。家风具有榜样性、社会性和传承性的特点，党员干部的家风更是在全社会发挥着标杆引领和典型示范作用。应在党政机关、企事业单位广泛开展"树清廉家风 创最美家庭"活动，引导党员干部继承和弘扬中华优秀传统文化，继承和弘扬革命前辈的红色家风，带头把修身、齐家落到实处，示范带动全社会，共同推动形成爱国爱家、相亲相爱、向上向善、共建共享的社会主义家庭文明新风尚，努力使千千万万个家庭成为国家发展、民族进步、社会和谐的重要基点。

凌振国（全国政协委员，人口资源环境委员会原驻会副主任）：家庭成员中的党员干部尤其是领导干部，应努力成为好家庭好家教好家风建设的模范，成为示范者、倡导者、引领者、实践者，成为家庭伦理、家庭文明、家庭美德建设的推动者，成为家庭矛盾、家庭不和、邻里不睦的调解员，带头为家庭和睦社会安定、为家庭幸福社会和谐、为家庭文明社会文明做出贡献！

黄廉熙（全国政协委员，浙江天册律师事务所合伙人）：党员干部要以正确的价值观、人生观、世界观引导孩子，让孩子在潜移默化中积极向上地成长，帮助其树立为家庭谋幸福、为他人送温暖、为社会做贡献的远大人生理想。家风建设有助于树立正确的价值观。家风建设就是要在增强价值判断力上下功夫，领导干部更要发挥党员道德模范作用，把家风建设作为自身作风建设的重要内容，弘扬真善美，抑制假恶丑，自觉抵制社会不良风气，培养家庭成员对是非、美丑的分析辨别能力。

## 4.1.3　地方工作

上海党员领导干部带头　建设文明家风

上海市注重领导带头，重视领导干部家风建设，将其作为加强领导班子和领导干部作风建设的一项重要内容，要求领导干部带头建设文明家庭，带头开展科学家教，带头传承优良家风，为家庭成员和身边同志做出表率。2015 年 5 月，上海市在全国率先出台《关于进一步规范本市领导干部配偶、子女及其配偶经商办企业行为的规定（试行）》，严格防范领导干部"一家两制"，做到修身齐家，管好家属和身边工作人员。学习传承上海红色基因，推进廉政文化建设，发挥警示教育"后半篇"作用。浦东新区机关开展寻找"最美家庭"征文活动，在各委办局中发出《寻找最美·争做最美》倡议书，联手区宣传部、区文明办、区机关党工委等部门召开机关座谈会。与浦东新区纪委联合开展"廉洁家庭"专题宣传，定期向全区处级以上干部发送倡廉彩信，并在《浦东时报》上开设"风清浦东"专栏，定期刊登反腐倡廉和廉洁家庭建设的相关内容，号召机关干部廉洁修身、廉洁齐家，为社会公众做出榜样，以党员领导干部的好家风促进形成好的党风政风。其中，闵行区挖掘本土历代名士的家风故事，利用各种媒体和文化资源进行宣传教育，使十部群众树立廉洁修身、廉洁齐家意识。金山区开展"树家风 促党风 强作风"主题活动，通过征集家风家训、采编身边的家庭家风故事，结合"三下乡"活动走进田间弄堂，以讲故事、表演唱、脱口秀、文艺表演等形式宣传家庭美德和良好家风。虹口区通过开展"廉洁家书"进万家、家风馆建设等，提升党员领导干部以德齐家、以廉促家的意识。松江区、嘉定区充分挖掘优秀历史文化，通过搜集、摄制《小窗幽记》的作者陈继儒、"南钱北纪"的大儒钱大昕等名人的家风家训，并在中央纪委媒体刊载传播，进一步弘扬地方优秀传统廉洁文化。

上海市浦东新区周浦镇机关党员干部参与"最美家书"征集展评活动

## 4.1.4 实践案例

### 以廉洁文明家风促党风政风、带社风民风

陕西省西安市莲湖区纪委将党员干部家风建设作为全面从严治党的有力抓手，严明党规党纪的内在要求，加强自身建设的重要方面，在全区开展了以"好家风共传承""好家训共谱写"等为主题的廉洁文化建设活动，引导全区各级党员干部加强家风建设，立家规、严家教、正家风，自觉以廉洁文明家风促党风政风、带社风民风，为打造美丽幸福莲湖提供坚强保障。

中共陕西省纪律检查委员会
中共陕西省直属机关工作委员会 文件
陕 西 省 妇 女 联 合 会

陕妇发〔2017〕21 号

**关于开展"树清廉家风·创最美家庭"**
**主题活动的通知**

各市（区）纪委、省纪委各派驻纪检组、省直各机关党委、总支（支部），妇联：

为深入贯彻落实习近平总书记关于家风建设特别是领导干部家风建设系列重要指示精神，积极推动我省各级党政机关党员干部增强廉洁修身、廉洁齐家意识，加强家风建设。省纪委、省直机关工委、省妇联决定联合开展"树清廉家风·创最美家庭"主题活动。

一、充分认识活动意义，助推党风政风

—83—

陕西省纪委等联合印发《关于开展"树清廉家风·创最美家庭"主题活动的通知》

### 开展主题征文及大讲堂、书画摄影展活动

由区纪委牵头，联合区委宣传部、团区委、区妇联、区教育局、区文体局等区级部门，在全区各党政机关、学校、社区、家庭中，全区全体党政机关干部、学校教职工、全区居民共同开展"好家风共传承"活动，营造学习优秀家风、传承良好家风的活动氛围。区纪委制作主题海报，向全区党员干部发出倡议，团区委向全区中小学校团委书记、大队辅导员及共青团员、少先队员发出号召，开展廉洁主题征文活动，将传统文化作为家风重要载体，用摄影作品展示家风与廉洁的主题，弘扬好家风，汇聚正能量。邀请社会知名人士、传统文化研究专家、专业学者举办家风、道德文化大讲堂。征集书法家、画家作品举办家风书画展，并广泛利用微信平台、微博等媒体向全区干部群众征集能体现"好家风共传承"的摄影作品，对优秀"廉·洁"作品进行表彰，举办展览，并组织专家开展评奖。

### 开展家风馆建设、"绿色环保最美家庭"评选表彰活动

持续加强"好家风共传承"活动成果的社会效应，依托莲湖区廉政教育基地，增加廉政文化板块，建设家风文化墙；联系枣园、北关街道两个社区，收集身边人物事迹、好家风故事，建立家风馆，传承好家风、好家规、好家训。通过开展"小眼睛盯住大眼睛"

"贤内助带好廉掌柜"等活动促进家庭建设，在全区范围内开展寻找"绿色环保最美家庭"活动。将家风传承、优秀廉政作品制作成宣传展板，编辑成册，在全区范围内进行展览，组织全区各部门党员领导干部进行参观，提升感召力，做到人人悟家风，共同学习传承好家风，促进作风建设返璞归真，将活动的主题深入人心。

### 开展网络宣传活动

深入挖掘莲湖优秀的传统家规家训资源，用好优秀家风家规中的廉洁元素，号召广大党员干部从自身做起，从家庭做起，讲道德、重家风、守规矩，有效地将社会主义核心价值观融入日常生活中，融入"两学一做"学习教育工作中，推动社会风气向善向上，拓展廉政文化传播平台，将"好家风共传承"的系列活动宣传出去，扩大影响范围，引导党员领导干部强化家风建设，做到廉洁修身、廉洁齐家。让好家风释放向上向善的正能量，全体纪检监察干部利用街道微信平台、微博等媒体做好网络宣传，将好的摄影作品、征文及时进行分享、传播，形成良好的宣传氛围，达到润物细无声的效果。

# 4.2 多元共治聚合力

习近平总书记指出，要动员社会各界广泛参与家庭文明建设，推动形成社会主义家庭文明新风尚。要把家庭家教家风建设融入基层社会治理，通过发挥社区基层治理功能、培育社会组织、丰富志愿者活动等方式，汇聚多方力量参与，形成群策群力的良好局面。

## 4.2.1 多方参与凝聚向上向善向美力量

杨莉珊（全国政协委员，香江国际中国地产有限公司首席执行官及执行董事）：社区与学校作为少年儿童的主要活动场所，应充分发挥其在家庭家教家风建设方面的氛围宣传与知识宣传作用。社区建设可与家庭建设紧密结合，以"大家"带"小家"；而学校能为家长和孩子建立正确、系统的"家庭家教家风建设"知识体系。社区和学校双管齐下帮助家长解决"没时间"与"不会教"的难点问题。对单亲、流动家庭等特殊家庭的家庭家教家风建设，建议引入社工服务理念，开展小组和个案服务，并招募志愿者结对帮扶，帮助特殊家庭儿童同样拥有完善的家庭教育。另外，对大量留守儿童的家庭家教家风建设，如何制定简便易行并行之有效的措施，是一个工作重点，需要各方面群策群力。

柴靓（全国政协委员，普华永道中天会计师事务所天津分所总监）：推进家庭家教家风建设，一是发挥家长所在单位的作用。大力提倡企事业单位将关心员工家庭建设作为履行社会责任的重要组成部分，发挥单位工会的作用，积极为员工组织安排有关子女教育、家庭建设等方面的教育培训，并对家庭家教家风建设进行大力宣传倡导，如长期开展家庭日活动、在公司宣传栏对家庭家教家风建设进行长期倡导宣传等。发挥企业党组织的作用，开展学习、培训、宣传等活动，助力家庭家教家风建设。二是发挥社区的作用。发挥街道办事处、居委会的作用，在辖区、居民小区开设宣传栏，长期对家庭家教家风建设进行宣传倡导。组织丰富多彩的社区活动，将家庭家教家风建设融入长期开展的群众活动中。三是发挥协会、社会组织的作用。考虑到新的就业形态的出现，如自由职业者等，可发挥协会、社会组织等的作用，将家庭家教家风建设作为其重要工作之一，从而使家庭家教家风建设覆盖到社会各个层面。

胡卫：加快发展生活服务类、公益慈善类和家庭互助类社区社会组织，尤其要重点培育面向各类特定困难或弱势群体的社区社会组织，推动家庭、健康、养老、育幼等领域社区社会组织主动融入城乡社区便民利民服务网络，为不同社区居民提供多样化生活服务，加强社区社会组织人才培养等。同时，要积极转变各级政府职能。各级政府应当深化放管服改革，以购买服务等方式扶持社会组织发展，促进基层社会治理，及时发布符合承接政府购买服务条件的社会组织目录清单，引导乡镇、街镇政府逐步扩大购买服务的范围和规模。

## 4.2.2　地方工作

### 上海立足社区　创新基层治理

上海市以培育社会组织、政府购买服务的方式促进基层治理创新。

一是加快发展生活服务类、公益慈善类和家庭互助类社区社会组织。重点培育为老年人、妇女、儿童、残疾人、失业人员、农民工、服刑人员或强制戒毒等限制自由人员的未成年子女、困难家庭、严重精神障碍患者、有不良行为青少年、社区矫正人员等特定群体服务的社区社会组织。推动家庭服务、健康服务、养老服务、育幼服务等领域的社区社会组织主动融入城乡社区便民利民服务网络，为社区居民提供多种形式的生活服务。加强社区社会组织人才培养，着力培养一批热心社区事务、熟悉社会组织运作、具备专业服务能力的社区社会组织负责人和业务骨干，发挥社区社会组织扎根社区、贴近群众的优势，广泛动员社区居民参与社区公共事务和公益事业。

二是推进政府购买服务工作。发布承接政府购买服务社会组织推荐目录清单，新版推荐目录大幅扩容，进一步细化推荐领域，基本上涵盖了本市政府购买社会组织服务的常见领域，让基层能够找到好的社会组织，同时也让社会组织通过优秀项目获得更多的政府购买服务资源；引导各区、各街镇积极购买社会组织服务，逐步扩大购买范围和规模，支持社会组织承接家庭教育指导等相关服务项目。注重培育专业调处类社会组织，在参加家庭纠纷调处、倡导家庭文明和谐方面发挥作用。

三是依托专业社工机构，发挥社会工作专业化服务在家庭建设中的作用。上海市社会工作者协会设有家庭社会工作专委会，将专业社工方法引入家庭服务。有一批专业社工机构（如上海公益社工师事务所）专门开展以家庭社会工作为主体的项目，帮助存在婚姻矛盾、经济困难和其他危机的家庭恢复、健全正常的家庭功能。浦东新区探索"家庭社工"项目，以助人自助的工作理念帮助解决家庭问题，取得了一定的成效。

上海市浦东新区婚姻家庭纠纷人民调解委员会揭牌仪式

### 4.2.3　实践案例

构建预防和减少犯罪工作体系

2003 年以来，上海市按照"政府主导推动、社团自主运作、社会各方参与"的总体思路，在禁毒、社区矫正、社区青少年管理等工作中引入社会工作方法和社会力量，通过专业社会组织自主运作和社工专业化建设，加强对吸毒人员、刑释解教人员、社区矫正人员和社区闲散青少年等特殊人群的教育管理，构建了预防和减少犯罪工作体系（以下简称"体系"）。

### "体系"建设总体框架逐步完善

在市级层面建立市禁毒办（市委政法委下属）、市社区矫正局（市司法局下属）和市青少年服务保护办（团市委下属）三个副局级单位，作为政府主导推动的工作机构，行使社团业务主管单位的监督管理职能。在区级层面，确立了区委政法委牵头，禁毒、司法和团委各司其职的组织架构。在街镇层面，落实了为社工开展工作提供必要的社区资源保障。在社团方面，建立了"自强""新航""阳光"三个社团，通过政府购买服务的方式，开展对吸毒人员、刑释解教人员、社区矫正人员和社区闲散青少年等特殊人群的教育管理工作。

### "体系"建设整体运作规范有序

规范政府购买服务的运作模式，界定了社团提供的服务标准和质量，制定了与之相适应的职业晋阶和薪酬制度的实施细则。提出了坚持以工作对象的实际预防效果为核心的指导意见，逐步建立了与政府购买服务绩效相适应的考核评估办法，明确了各级政府职能部门在考核评估中所应该担负起的职责和任务。逐年改进政府购买服务形式和内容，研制了项目化购买社团服务合同，以及相配套的项目服务绩效评估办法和指标体系。相关社团建立了工作制度和规范，使"体系"建设运作规范有序，工作有章可循。

### "体系"建设规模效应不断扩大

积极搭建专业工作平台，调动和引导社会力量参与体系建设，不断拓展资金募集渠道，提升社团自主运作能力。"自强"总社与市慈善基金会合作，为贫困禁毒对象的子女提供助学资金；与本市各高校学生会合作，在暑期为滥用药物人员特困家庭子女提供学业指导。阳光中心开展"阳光展翅工程"爱心助学活动，为社区青少年提供就业、就学等服务；与市高院合作，推出"家事审判"项目，为父母离异的未成年人提供帮助。

### "体系"建设专业水平有效提升

坚持"凡进必考"的原则，把好社工招聘录用关，笔试与面试相结合，确保社工录用公平、公正、公开。努力推进职业教育，鼓励社工积极参与职业资格认证考试，增强社工的综合素质。社工薪酬标准参照政府购买服务人员中文书管理类薪酬标准执行并保持同步调整，福利待遇参照机关、事业单位工作人员福利费提取标准执行并保持同步调整。

# 4.3 乡村家庭文明建设推振兴

实施乡村振兴战略是建设现代化经济体系的重要基础，是建设美丽中国的关键举措，是传承中华优秀传统文化的有效途径，是健全现代社会治理格局的固本之策，是实现全体人民共同富裕的必然选择。家庭家教家风建设与乡村振兴目标要求有相辅相成的作用，它与乡村治理相结合、与乡风文明互为促进、与生态宜居相支持，将家庭家教家风建设融入乡村振兴战略，将对乡村振兴发挥持续稳定的重要推进作用。

## 4.3.1 以家庭家教家风建设助推乡村振兴

高洁（全国政协委员，渭南市人民政府副市长）：当前农村面貌正在发生日新月异的变化，但从乡村振兴的目标和任务来看，还需补齐短板。建议把家庭家教家风建设工作作为乡村文明建设的重要内容纳入乡村治理之中。

一是注重家庭完整性。通过乡村振兴战略，吸引年轻人返乡创业，就近就业，纾解留守儿童、"空巢老人"、农村婚变等问题；在村级活动室设立远程视频室，为无条件的家庭提供服务平台，要求在外务工人员常与留守儿童、家人视频，保持情感沟通，关注孩子教育成长；开展社区、家庭、学校交流活动，让社区成为孩子业余时间的乐园。

二是注重乡风、家风建设。建好村史馆，呈现乡村发展的历史变迁及本乡本土"乡绅"，感召和激励后人懂得感恩、承前启后，为乡村文明和发展做贡献；在村史馆展示"家教家风"好典范，在其家门口挂牌榜示，激励创"星"争"星"，良好家风蔚然成风；深入挖掘优秀家训及故事，做好传承与发扬；不断完善村规民约，与时俱进，移风易俗，遏制攀比，建立乡风"红黑榜"；充分发挥乡村自治、法治、德治相结合的作用，打造充满活力、和谐有序的善治乡村；特别注重培训，提升家庭家教家风软实力，让村民知识得到更新，能力得到提升。

三是建设"美丽银行"（"道德银行"）。"美丽银行"（"道德银行"）将个人身边、集体中挖掘出来的好人好事填写在"存折"上，实行"积分"和"利息"累积等制度，以兑现购书卡等方式提现，并与享受集体福利、各类评选活动挂钩，让细微的好人好事被重视、被发现、被需要。此做法已在渭南市大荔县实施 4 年，在精神文明建设、彰显社会正能量方面发挥了非常好的作用，值得复制推广。

四是鼓励乡村自治组织发挥作用。号召德高望重的退休干部、老党员、退伍军人、新乡贤等回乡发挥余热；支持老年协会、红白理事会、道德评议会、孝善理事会、禁毒禁赌协会、志愿者服务队等群众自治组织展开工作，涵育文明新风。

马全林（全国政协委员，甘肃省治沙研究所知识产权办公室主任兼学术委员会主任）：在农村，除了家教家风影响，还有乡规民俗的约束。伴随社会经济快速发展，农村的家风民风反而大不如前。例如，老人的赡养问题就十分突出。建议把家庭家教家风建设作为乡村振兴战略中乡风文明建设的重要内容。第一，大力弘扬家庭美德，培育良好家教家风，挖掘和树立优秀家教家风的典型。第二，乡、村干部要发扬模范带头作用，并将家教家风作为提拔任用的重要依据。第三，加大对不赡养老人、虐待孩子与妇女、吸毒和赌博等行为的处罚力度。

熊水龙（全国政协委员，广东省政协提案委专职副主任）：家庭家教家风建设应分类指导，突出重点，政府主导，社会参与，抓基础抓根本。对一些人口聚集比较快而又不能充分就业的县城，重点还是发展经济，先解决就业问题，在抓好社会风气建设的基础上推进家风建设。对一些经济不发达的乡村则要认真抓好巩固脱贫攻坚成果工作，发展乡村产业，吸引外出务工人员回流，在此基础上谈家风建设。对城乡接合部则要当地街（镇）、居（村）委会加强属地管理、科学管理、网格化管理，在保障良好社会秩序搞好社会治安的基础上推进家风建设。这些都需要政府主导，全社会参与。

王二虎（全国政协委员，陕西省政协副主席）：留守儿童和父母长期处于分开状态，身心发展、心理成长等方面存在的问题正日益凸显。而解决好留守儿童问题，关系到未来人口素质和劳动力的培育，关系到农村经济和社会的协调发展，更关系到社会稳定和可持续发展。因此，关爱留守儿童及其教育显得尤为重要和迫切。建议提高认识，将关爱留守儿童教育纳入民生工程，建立以父母、亲属为主体的家庭监护网络，以基层组织为主体的管理网络，以学校老师为主体的学校帮护网络等，对留守儿童给予对口的帮助。政府应大力发展农村产业，积极支持和引导广大在外务工青年农民回乡创业。清除农村不良风气，净化环境，避免社会不良风气对留守儿童的侵害，让留守儿童拥有一份纯洁健康的生活和受教育环境。

## 4.3.2 地方工作

### 陕西打造民风淳朴生态宜居新农村

陕西省妇联把家风馆建设纳入陕西省妇女儿童民生项目，近年来，组织全省 38 个"流动家风馆"深入 271 个村、社区巡展，让广大村民和社区居民体验三秦好家风好家教，以家庭家教家风建设推进基层社会治理工作。

从 2017 年开始，陕西省妇联结合建设"美丽乡村"和"美丽秦岭"行动，开展"五美庭院"创建，通过"万户创五美 家园更和美"行动，采取示范先行、整村推进的方式开展"五美庭院"示范创建活动。"五美庭院"建设从农村家庭和妇女群众最关心最直接最现实的点滴需求入手，着力在干净饮水、新鲜空气、优美环境、身心健康、家庭和谐等方面创优创美，为广大妇女和家庭创造一个干净整洁、生态宜居的自然田园和美丽家园，引导农村妇女群众分享好家训、传颂好家风。

### 4.3.3  实践案例

宫家村的文明新风

山东省曲阜市书院街道宫家村重视引导村民弘扬传统家风，营造淳朴民风，助推美丽乡村建设，促进乡村振兴战略的落地实施。

**营造环境，让村民熟识家风**

宫家村在村民聚集较多的文化广场建设"家风家训家规长廊"，展示村里宫、胡、尹、张、孔、李、高、毛等几个姓氏的家风家训，引导村民熟记自己家的家风，从而在潜移默化中按照家风所说，规

山东省曲阜市宫家村文化广场"家风家训家规长廊"

范自己的言行，对其他村民产生耳濡目染的作用。年长者根据家训对子孙现场说法，讲家风故事，形成了人人记家风、家家比家风的良好氛围。

### 敬老尊老，让村民践行家风

每年重阳节，宫家村都将七十岁以上老人邀请到"乐和家园"叙旧聊天，聚餐互祝。这些老人既有住在村里的普通群众，也有从村里走出去的干部职工，坐在一起拉拉家常说说话，既满足了老年人的精神需求，也在村里营造了敬老爱老的浓厚氛围。在这种氛围的感召下，村民纷纷积极弘扬尊老敬老的传统，村里的风气更加淳朴。

### 文明实践，让村民弘扬家风

每年召开两次全民修身守法大会，并不定期邀请孔子研究院、曲阜师范大学、曲阜市委党校等单位的专家学者，到村为村民讲授"家风传承""传统文化""家庭教育"等主题课程，村民在专家学者的引导下，更是深挖各自家风的文化内涵，并从心底自发地培育家风。

山东省曲阜市宫家村开展"儒学讲堂"活动

　　近年来，通过开展各种传承、弘扬家风的工作，宫家村村民文明素养得到了明显提升，家庭矛盾、邻里纠纷也逐年减少，村民之间更是微笑相对、和睦相处，一股更加质朴、更加纯良的农村文明新风正悄然兴起。